W0171592

Über den Autor und das Buch:
Wolodymyr Oleksandrowytsch Selenskyj, geboren 1978 in Krywyj Rih, Ukrainische SSR, Sowjetunion, ist seit dem 20. Mai 2019 Präsident der Ukraine. Seit Beginn der russischen Invasion in die Ukraine am 24. Februar 2022 wendet er sich aus Kiew regelmäßig an sein Volk und an die ganze Welt. Während Wladimir Putin seine Getreuen auf Abstand hält und mit blanken Lügen auf die »militärische Spezialoperation« in der Ukraine einschwört, sind Selenskyjs Reden voller Mut, Entschlossenheit und Widerstandskraft – und dabei zutiefst menschliche Appelle für den Frieden. Die in diesem Buch versammelten zehn bedeutendsten Ansprachen seit Beginn des russischen Überfalls sind wichtige Zeitdokumente und zeugen vom unerschütterlichen Streben nach Freiheit und Demokratie im Angesicht des Kriegs.

WOLODYMYR SELENSKYJ
REDEN GEGEN DEN KRIEG

Aus dem Ukrainischen und Russischen
von Claudia Dathe, Olga Radetzkaja
und Volker Weichsel

Mit einem Vorwort von
Bettina Sengling

Besuchen Sie uns im Internet:
www.droemer.de

Aus Verantwortung für die Umwelt hat sich die Verlagsgruppe
Droemer Knaur zu einer nachhaltigen Buchproduktion verpflichtet.
Der bewusste Umgang mit unseren Ressourcen, der Schutz unseres Klimas
und der Natur gehören zu unseren obersten Unternehmenszielen.
Gemeinsam mit unseren Partnern und Lieferanten setzen wir uns für
eine klimaneutrale Buchproduktion ein, die den Erwerb von Klimazertifikaten
zur Kompensation des CO_2-Ausstoßes einschließt.
Weitere Informationen finden Sie unter: www.klimaneutralerverlag.de

Ein besonderer Dank gilt der Druckerei CPI books GmbH, Leck,
für die große Unterstützung dieses Buches.

Deutsche Erstausgabe Juni 2022
Droemer Verlag
© der Reden Wolodymyr Selenskyj 2022
© 2022 der deutschsprachigen Ausgabe Droemer Verlag
Ein Imprint der Verlagsgruppe Droemer Knaur GmbH & Co. KG, München
Alle Rechte vorbehalten. Diese Übersetzung darf – auch teilweise – nur mit
Genehmigung des Verlags wiedergegeben werden.
Covergestaltung: Verlagsgruppe Droemer Knaur
Foto: picture alliance / Ukrainian Presidential Press Service / REUTERS
Satz: Adobe InDesign im Verlag
Druck und Bindung: CPI books GmbH, Leck
ISBN 978-3-426-27897-0

2   4   5   3   1

INHALT

VORWORT VON
BETTINA SENGLING

Wolodymyr Selenskyj wollte ein Präsident des Friedens sein. Er glaubte nicht an den Einmarsch der russischen Truppen in sein Land, selbst als Wladimir Putin im Dezember 2021 Zehntausende russische Soldaten an der Grenze zur Ukraine aufmarschieren ließ. Selenskyj blieb scheinbar gelassen, auch als amerikanische Geheimdienste vor dem Überfall warnten und westliche Diplomaten aus Kiew abreisten. »Die sollten die Letzten sein, die ein sinkendes Schiff verlassen«, erklärte der ukrainische Präsident einen Monat vor Kriegsbeginn. »Und die Ukraine ist nicht die Titanic.«

Als Schwäche wurde Selenskyj diese Ruhe später ausgelegt, aber die war sie vermutlich gar nicht: Der Präsident weigerte sich, an das Ungeheuerliche zu glauben. Auch große Teile der internationalen Gemeinschaft sowie viele Menschen in der Ukraine hatten den russischen Angriffskrieg in seiner ganzen Brutalität, Erbarmungslosigkeit und Menschenverachtung bis zuletzt nicht für möglich gehalten.

Eine Welle der Gewalt brach ab dem 24. Februar 2022 über das Land herein. Raketen detonierten in Kiew, Bomben fielen auf Charkiw, Sumy, Tschernihiw und andere Städte. Menschen suchten in Kellern und U-Bahn-Stationen Zuflucht, kochten Wasser und Essen über offenem

Feuer, irgendwo in den Höfen ihrer Häuser, weil Gas und Strom ausgefallen waren. Tausende starben in der belagerten Hafenstadt Mariupol. Als die Invasionstruppen Anfang April aus dem Kiewer Vorort Butscha abrückten, weil die Offensive gegen die Hauptstadt gescheitert war, lagen Tote auf offener Straße, exekutiert von russischen Soldaten. Von dem kleinen Ort Wolnowacha im Donbass blieben nur Ruinen. Durch Cherson rollten russische Panzer. Millionen Ukrainerinnen und Ukrainer flohen vor dem Krieg.

In den hier dokumentierten Ansprachen Selenskyjs geht es zum einen um den entschlossenen Widerstand und Überlebenskampf der Ukrainer. Zum anderen spiegeln sie immer wieder seine Fassungslosigkeit. Auf den Straßen von Butscha, neben den erschossenen Zivilisten, habe er alle möglichen Gefühle verspürt, sagte ein sichtlich erschütterter Präsident, von Trauer bis Wut. Am Ende aber bliebe nur der Hass und die unbeantwortbare Frage: »Was hat die Stadt Butscha Russland getan?« Er könne immer noch nicht verstehen, warum und wozu die russischen Soldaten überhaupt gekommen seien.

Die Ukraine stehe allein in diesem Sturm der Gewalt, das ist ein anderer Gedanke, zu dem Selenskyj in seinen Reden immer wieder zurückkehrt. »Wer ist bereit, an unserer Seite zu kämpfen?«, fragte er am ersten Kriegstag, als er sich an seine Landsleute wandte. Und antwortete selbst: »Ganz ehrlich, ich sehe niemanden.« Verzweifelt bittet er im Westen um Waffen, um Sanktionen gegen Russland und kann nicht fassen, dass westliche Wirtschaftsinteressen Putins Regime so lange stützten, regelrecht zementierten. Selenskyj hadert mit den Regeln der globalen Sicherheitsarchitektur. Die seien etwa so wirkungsvoll wie Hustensaft bei einer Infektion mit dem Coronavirus.

Wolodymyr Selenskyj wurde das Gesicht des Widerstands gegen einen völkerrechtswidrigen Angriffskrieg, ein wütender, tatkräftiger, erschöpfter, trauernder, fassungsloser Mann, der sein Volk schützen und ermutigen will und es zugleich trösten muss. Er ist David, der gegen Goliath kämpft.

Täglich wendet er sich an die Ukrainer, die Botschaften nimmt er manchmal mit einer Handy-Kamera auf, im Selfie-Modus. Selenskyj ist Anti-Putin. Der russische Präsident doziert am langen Tisch über Geopolitik, fabuliert über angebliche Faschisten in der Ukraine und wirkt dabei beinahe hasserfüllt und der Wirklichkeit seltsam entrückt. Spricht hingegen Selenskyj zu seinen Landsleuten, ist er einer von ihnen. »Unsere Soldaten sind hier«, sagte er den Ukrainerinnen und Ukrainern am zweiten Tag des Krieges. »Unsere Bürger und unsere Gesellschaft sind hier. Wir sind alle hier. Wir verteidigen unsere Unabhängigkeit.«

Frieden war das Ziel von Selenskyjs Präsidentschaft. In seinem Wahlkampf 2019 versprach er den Ukrainern, den seit 2014 schwelenden Krieg im Donbass zu beenden. Trotz Friedensabkommen und Waffenruhe lieferten sich Separatisten und die ukrainische Armee fast täglich Schusswechsel entlang der sogenannten Kontaktlinie, der Grenze zu den Separatistengebieten in der Ostukraine.

Der Kreml hatte 2014 nicht nur die ukrainische Krim völkerrechtswidrig annektiert, er hatte auch diesen Konflikt angezettelt. Acht Jahre lang steuerte Russland ihn. Selenskyj wollte sich deshalb mit Wladimir Putin treffen. Und reden. Er würde sicher auch den russischen Präsidenten zum Lachen bringen, sagte er in einem Interview.

Bevor Selenskyj Präsident wurde, war er, und das klingt heute wie eine Nachricht aus längst vergangener Zeit, einer der populärsten Schauspieler und Komiker des Landes. Bekanntheit erlangte er erstmals 2006, da gewann er die ukrainische Version der TV-Show »Let's Dance«. Später übertrug das ukrainische Fernsehen die großen Produktionen seiner Kabaretttruppe »Kwartal 95«. Mit Putins autoritärem Regime, in dem öffentlicher Spott schon lange kaum noch denkbar ist, konnte Selenskyj nie etwas anfangen. Im rosa Sportanzug spielte er auf der Bühne einmal Alina Kabajewa, eine russische Olympiasiegerin der Rhythmischen Sportgymnastik, die in Russland als Lebensgefährtin des russischen Präsidenten gilt. »Er ist ein sehr guter Schauspieler«, sagte Putin spöttisch über den ukrainischen Präsidenten. Auch der ehemalige ukrainische Präsident Petro Poroschenko lästerte, ein Komiker könne wohl kaum Oberbefehlshaber der ukrainischen Armee sein.

Die Ukrainer wählten Selenskyj 2019 trotzdem mit überwältigender Mehrheit zum Präsidenten: Sie hatten nicht nur seinen Vorgänger satt, sondern auch dessen Vorgänger, genau genommen so ziemlich alle Politiker, die das Leben in der Ukraine seit Jahrzehnten bestimmt hatten. Sie kannten den fröhlichen Mann inzwischen auch als Hauptdarsteller der ukrainischen TV-Erfolgsserie »Diener des Volkes«. Dort spielte Selenskyj zwischen 2015 und 2019 einen ukrainischen Geschichtslehrer, der zufällig Präsident wird, die Oligarchen entmachtet und Korruption bekämpft. Zu schön, um nicht wahr zu sein, dachten sich die Ukrainer. Und offensichtlich dachte sich das Selenskyj auch. »Ich bin ein einfacher Mann, der gekommen ist, um das System zu zerbrechen«, erklärte er seinem Gegner Poroschenko im Wahlkampf. »Ich bin das Ergebnis Ihrer Fehler.«

Auf Putin traf er ein einziges Mal, doch viel brachte das Gespräch der beiden Präsidenten Ende 2019 nicht. Mehrfach versuchte Selenskyj auch danach, die Verhandlungen wieder aufzunehmen, doch diese erste Begegnung sollte die bis heute letzte zwischen diesen ungleichen Präsidenten bleiben, dem ehemaligen KGB-Offizier und dem einstigen Schauspieler.

Selenskyj hatte Frieden versprochen und wurde doch Kriegspräsident wider Willen, ein »Churchill in olivgrünem T-Shirt und Fleecejacke«, wie der SPIEGEL schrieb. Der Krieg machte ihn zu einer prägenden Figur auf der weltpolitischen Bühne. Vorher hatte er sich in den Kämpfen der ukrainischen Innenpolitik verzettelt und viele Anhänger enttäuscht. Auch das gehört zu seiner Geschichte.

Selenskyjs Worte sind seine Waffen im Kampf gegen die russischen Invasionstruppen. Aus Erfahrung weiß er, wie sie wirken. Zugleich klingt er als Oberbefehlshaber nicht mehr so wie der Selenskyj früherer Jahre: »Wenn Sie angreifen, werden Sie unsere Gesichter sehen. Nicht unsere

Rücken, unsere Gesichter«, erklärte er am Vorabend des Kriegsbeginns den Bürgern Russlands und appellierte an deren Vernunft. Im Krieg fehle es an allem, allgegenwärtig seien allein Schmerz, Schmutz, Blut und Tod. »Ich sehe keinen Sinn im Leben«, fügte er später in seiner Rede vor dem US-Kongress an, »wenn es den Tod nicht aufhalten kann.«

ANSPRACHE AUF DER
58. MÜNCHNER SICHERHEITSKONFERENZ

19. Februar 2022

Die Ukraine will Frieden. Europa will Frieden. Die Welt sagt, sie will keinen Krieg, und Russland sagt, es will nicht angreifen. Jemand von uns lügt. Das ist noch kein Axiom, aber schon mehr als nur eine Hypothese.

Meine Damen und Herren!

Vor zwei Tagen war ich im Donbass, an der Demarkationslinie. Formal trennt sie die Ukraine von den vorübergehend besetzten Gebieten. In Wirklichkeit ist sie eine Grenze zwischen Frieden und Krieg. Auf der einen Seite ein Kindergarten, auf der anderen Seite das Geschütz, das auf ihn abgefeuert wurde. Auf der einen Seite eine Schule, auf der anderen eine Granate, die bald auf dem Schulhof einschlägt.

Neben der Schule 30 Kinder. Sie laufen … nein, nicht der NATO in die Arme, sondern zum Unterricht, zur Schule. Einige haben Physik. Wenn sie deren grundlegende Gesetze kennen, dann verstehen selbst Kinder, wie absurd die Behauptung ist, dass ihre Schule von ukrainischer Seite beschossen wird.

Andere haben Mathematik. Jedes Kind kann ohne Taschenrechner die Differenz zwischen der Anzahl der Granateneinschläge in den letzten drei Tagen und der Anzahl der Erwähnungen der Ukraine im Munich Security Report 2022 ausrechnen.

Wieder andere haben Geschichte. Wenn auf ihrem Schulhof plötzlich ein Bombenkrater klafft, fragen die Kinder: Hat die Welt tatsächlich die Fehler vergessen, die sie im 20. Jahrhundert begangen hat?

Hat sie vergessen, wozu Appeasement führt? Und wie aus dem Wunsch, nicht »für Danzig zu sterben«,[1] bald darauf die Notwendigkeit wurde, für Dünkirchen und Dutzende andere Städte in Europa und der Welt zu sterben? Der Preis waren zig Millionen von Menschenleben.

Das sind schreckliche Lektionen der Geschichte. Ich möchte mich nur vergewissern, dass Sie die gleichen Bücher gelesen haben wie ich, und dass wir die zentrale Frage deshalb gleich beantworten: Wie konnte es passieren, dass im Europa des 21. Jahrhunderts erneut ein Krieg im Gange ist und Menschen sterben? Warum dauert er bereits länger als der Zweite Weltkrieg? Wie sind wir in die größte Sicherheitskrise seit Ende des Kalten Krieges geraten? Für mich als Präsidenten eines Landes, das einen Teil seines Territoriums und Tausende von Menschen verloren hat und an dessen Grenzen heute 150 000 russische Soldaten mit Panzern und schweren Waffen stehen, ist die Antwort offensichtlich.

Die globale Sicherheitsarchitektur ist brüchig und muss erneuert werden. Die Regeln, auf die sich die Welt vor Jahrzehnten geeinigt hat, funktionieren nicht mehr. Sie halten nicht Schritt mit den neuen Bedrohungen. Sie helfen nicht, diese zu überwinden. Sie sind wie Hustensaft, wenn man einen Impfstoff gegen Corona braucht. Das Sicherheitssystem ist zu langsam. Es hat wieder einmal versagt. Dafür gibt es verschiedene Gründe: Egoismus, Arroganz, Verantwortungslosigkeit von Staaten auf globaler Ebene.

Das Ergebnis: Die einen begehen Verbrechen, und die anderen schauen gleichgültig zu. Wer gleichgültig ist, macht sich zum Komplizen.

Es ist sehr symbolisch, dass ich gerade hier darüber spreche. Gerade hier hat Russland vor 15 Jahren angekündigt, dass es die globale Sicherheit infrage stellen wird. Was war die Antwort der Welt? Appeasement. Und das Ergebnis? Die Annexion der Krim und ein Angriff auf meinen Staat, wenn nicht noch mehr.

Die UNO, die Frieden und globale Sicherheit gewährleisten soll, kann sich nicht verteidigen, wenn ihre Charta verletzt wird. Wenn eines der Mitglieder des UNO-Sicherheitsrats das Gebiet eines Gründungsstaates der UNO annektiert. Die UNO ignoriert sogar die Krim-Plattform,[2] deren Ziel es ist, die Annexion der Krim auf friedlichem Weg rückgängig zu machen und die Menschenrechte auf der Krim zu schützen.

Vor drei Jahren sagte Angela Merkel an dieser Stelle: »Wer wird die Trümmer der Weltordnung aufsammeln? Nur wir alle, gemeinsam.«[3] Das Publikum applaudierte stehend. Doch leider folgte auf den kollektiven Beifall kein gemeinsames Handeln. Heute spricht die Welt von der Gefahr eines großen Krieges, und es stellt sich die Frage: Ist überhaupt noch etwas zu retten? Die europäische und die globale Sicherheitsarchitektur sind kurz vor dem Einsturz. Für Reparaturen ist es zu spät. Es muss unverzüglich ein neues System aufgebaut werden. Zweimal hat die Menschheit einen hohen Preis gezahlt, bevor sie das tat – zwei Weltkriege. Noch haben wir die Chance, diese Entwicklung zu brechen, noch ist sie nicht unausweichlich. Noch folgt sie keinem Naturgesetz. Noch können wir ein neues System aufbauen, ohne dass es zu Millionen von Opfern kommt. Gestützt auf die Lehren aus dem Ersten und dem Zweiten Weltkrieg, statt – Gott bewahre – auf unsere eigenen Erfahrungen in einem dritten.

Ich habe es an diesem Ort bereits früher gesagt. Ebenso vor den Vereinten Nationen. Es gibt im 21. Jahrhundert keinen Krieg der anderen mehr. Die Annexion der Krim und der Krieg im Donbass sind ein Schlag gegen die ganze Welt. Dies ist kein Krieg in der Ukraine, sondern ein Krieg in Europa. Ich habe es auf zahlreichen Gipfeltreffen und Foren gesagt. Im Jahr 2019, im Jahr 2020 und im Jahr 2021. Wird mich die Welt im Jahr 2022 hören?

Das ist schon mehr als eine Hypothese, aber noch kein Axiom. Warum nicht? Wir brauchen Beweise. Substanzielleres als bloße Worte auf Twitter und vor der Kamera. Wir brauchen Taten. Nicht nur wir in der Ukraine, die Welt braucht Taten.

Wir werden unser Land verteidigen. Mit oder ohne Unterstützung unserer Partner. Ob wir große Mengen moderner Waffen bekommen oder fünftausend Helme.[4] Wir wissen jede Hilfe zu schätzen, aber allen sollte klar sein: Es sind keine wohltätigen Spenden, um die die Ukraine bittet.

Es geht nicht um noble Gesten, für die die Ukraine sich dankbar zu verneigen hätte. Es geht um Ihren Beitrag zur Sicherheit in Europa und auf der Welt. In der die Ukraine seit acht Jahren einen zuverlässigen Schutzschild bildet. Seit acht Jahren hält sie eine der größten Armeen der Welt zurück. Sie steht an unserer Grenze, nicht an den Grenzen der EU.

Ihre Raketen haben in Mariupol eingeschlagen, nicht in europäischen Städten. Es war der Flughafen von Donezk, der in sechs Monate währenden Kämpfen zerstört wurde, nicht der Flughafen von Frankfurt. Das Industriegebiet von Awdijiwka ist ein Hotspot, nicht der Montmartre. Kein europäisches Land weiß, was es bedeutet, jeden Tag Soldaten aus allen Ecken des Landes zu Grabe zu tragen. Kein europäischer Staatchef weiß, wie das ist, wenn man regelmäßig Angehörige von Gefallenen trifft.

Wie dem auch sei, wir werden unser wunderbares Land verteidigen, egal welche Armee 50 000, 150 000 oder eine Million Soldaten an unsere Grenze bringt. Wer der Ukraine wirklich helfen will, der wiederholt nicht ein ums andere Mal, wie viele Soldaten und Fahrzeuge sie haben. Der sagt, wie viele ihnen gegenüberstehen. Wer der Ukraine wirklich helfen will, der spekuliert nicht nur immer wieder, wann eine Invasion möglicherweise beginnen könnte. Wir werden unser Land am 16. Februar genauso wie am 1. März oder am 31. Dezember verteidigen. Viel dringender interessieren uns andere Zahlen. Und Sie wissen alle genau, welche ich meine.

Morgen begeht die Ukraine den Tag der Helden der »Himmlischen Hundertschaft«.[5] Vor acht Jahren trafen die Ukrainer eine Entscheidung, die viele mit dem Leben bezahlt haben. Muss die Ukraine wirklich acht Jahre später immer noch ständig fordern, dass sie eine Beitrittsperspektive zur Europäischen Union erhält? Seit 2014 versucht Russland, Ihnen und uns einzureden, dass wir den falschen Weg gewählt haben, dass uns in Europa keiner haben will. Wäre es nicht an der EU, dem in Wort und Tat zu widersprechen? Ist es nicht an der EU, heute zu sagen: Unsere Bürger begrüßen einen Beitritt der Ukraine. Warum weichen wir dieser Frage aus? Verdient die Ukraine keine klare und ehrliche Antwort?

Dasselbe gilt auch für die NATO. Wir hören: Die Tür ist offen. Aber für Unbefugte ist der Zutritt verboten. Falls nicht alle Mitglieder des Bündnisses uns in ihrem Kreis sehen wollen, oder falls sich alle Mitglieder einig sind, dies nicht zu wollen, dann sprechen Sie das ehrlich aus. Offene Türen sind gut, aber wir brauchen offene Antworten statt jahrelang offene Fragen. Sollte zu unseren »erweiterten Möglichkeiten«[6] nicht das Recht auf Wahrheit gehören? Der beste Zeitpunkt dafür ist der nächste Gipfel in Madrid.

Russland behauptet, die Ukraine wolle der Allianz beitreten, um die Rückgabe der Krim mit Gewalt zu erzwingen. Es ist erfreulich, dass Moskau das Thema »Rückgabe der Krim« anspricht. Aber anscheinend hat man Artikel 5 des NATO-Vertrages dort nicht aufmerksam gelesen: Kollektive Maßnahmen werden zur Verteidigung ergriffen, nicht für einen Angriff. Die Krim, und die besetzten Regionen des Donbass werden mit Sicherheit in die Ukraine zurückkehren, aber auf friedlichem Weg.

Die Ukraine setzt die Absprachen im Normandie-Format[7] und das Minsker Abkommen[8] konsequent um. Deren Grundlage ist die eindeutige Anerkennung der territorialen Integrität und der Unabhängigkeit unseres Staates. Wir streben eine diplomatische Beilegung des bewaffneten Konflikts an. Aber: ausschließlich im Rahmen des Völkerrechts.

Wie sieht es also real aus mit dem Friedensprozess? Vor zwei Jahren haben wir mit den Präsidenten Frankreichs, der Russischen Föderation und der deutschen Bundeskanzlerin einen umfassenden Waffenstillstand vereinbart. Die Ukraine hält sich penibel genau an diese Vereinbarungen. Trotz ständiger Provokationen sind wir so zurückhaltend wie möglich. Wir unterbreiten im Rahmen des Normandie-Quartetts und der Trilateralen Kontaktgruppe ständig neue Vorschläge. Und was ist die Folge? Granaten und Kugeln von der anderen Seite. Unsere Soldaten und Zivilisten werden getötet und verwundet, zivile Infrastruktur wird zerstört.

Die vergangenen Tage waren symptomatisch. Hunderte Vorfälle von massivem Beschuss aus Waffen, die nach dem Minsker Abkommen verboten sind. Die OSZE-Beobachter müssen wieder uneingeschränkten Zugang zu den vorübergehend besetzten Gebieten erhalten. Zurzeit werden sie dort bedroht und eingeschüchtert. Alle Gespräche über humanitäre Fragen werden blockiert.

Bereits vor zwei Jahren habe ich ein Gesetz unterzeichnet, das uneingeschränkten Zugang von Vertretern humanitärer Organisationen zu Gefangenen vorsieht. In den vorübergehend besetzten Gebieten werden solche Vertreter jedoch schlicht nicht zu Inhaftierten vorgelassen. Zweimal hat es einen Gefangenenaustausch gegeben, seitdem geschieht nichts mehr, obwohl die Ukraine eine abgestimmte Liste mit Namen vorgelegt hat. Folter und unmenschliche Behandlung haben das berüchtigte Isolationsgefängnis in Donezk nachgerade zu einem Symbol für Menschenrechtsverletzungen gemacht.

Im November 2020 haben wir im Gebiet Luhansk zwei neue Übergänge an der Demarkationslinie geschaffen. Sie können immer noch nicht genutzt werden. Auch hier erleben wir eine offene Obstruktion unter erfundenen Vorwänden.

Die Ukraine tut alles, um die Gespräche und den politischen Prozess voranzubringen. In der Trilateralen Kontaktgruppe haben wir Gesetzesentwürfe vorgelegt. Aber alles ist blockiert – niemand spricht über diese Vorschläge. Die Ukraine fordert, dass die Verhandlungen unverzüglich wieder aufgenommen werden. Das heißt nicht, dass die Friedensbemühungen nur auf diese Vorschläge beschränkt wären.

Wir sind bereit, in allen möglichen Formaten und an jedem beliebigen Verhandlungsort nach dem Schlüssel zur Beendigung des Krieges zu suchen: Paris, Berlin, Minsk. Istanbul, Genf, Brüssel, New York, Peking – es spielt keine Rolle, wo auf der Welt wir über den Frieden in der Ukraine verhandeln.

Es spielt auch keine Rolle, ob vier, sieben oder hundert Länder teilnehmen. Die Hauptsache ist, dass die Ukraine und Russland dabei sind. Wirklich wichtig ist die Einsicht, dass nicht nur wir Frieden brauchen, sondern die

Welt Frieden in der Ukraine braucht. Frieden und die Wiederherstellung der territorialen Integrität innerhalb international anerkannter Grenzen. Das ist der einzige Weg. Ich hoffe, dass niemand die Ukraine als eine Pufferzone zwischen dem Westen und Russland betrachtet, die ihm auf alle Zeit Probleme vom Hals hält. Niemals, nicht mit uns.

Denn andernfalls fragt man sich doch: Wer ist als Nächstes an der Reihe? Werden sich die NATO-Staaten gemeinsam verteidigen müssen? Ich hoffe für sie, dass der Nordatlantikvertrag mit seinem Artikel 5 mehr Gültigkeit hat als das Budapester Memorandum.[9]

Für den Verzicht auf das drittgrößte Atomwaffenarsenal der Welt hat die Ukraine seinerzeit Sicherheitsgarantien erhalten. Heute haben wir weder die Waffen von damals noch Sicherheit. Uns wurde ein Teil unseres Staatsgebiets genommen, der Fläche nach größer als die Schweiz, die Niederlande oder Belgien. Das Wichtigste aber: Millionen von Bürgern wurden uns genommen. All das haben wir verloren.

Eines haben wir damit aber gewonnen: das Recht, endlich ein Ende des Appeasements und stattdessen die Gewährleistung von Sicherheit und Frieden zu fordern.

Seit 2014 hat die Ukraine dreimal versucht, Konsultationen mit den Garantiestaaten des Budapester Memorandums einzuberufen. Dreimal wurde sie abgewiesen. Heute tut die Ukraine dies zum vierten Mal. Ich tue es als Präsident zum ersten Mal. Aber sowohl die Ukraine als auch ich tun dies zum letzten Mal. Ich leite Konsultationen im Rahmen des Budapester Memorandums ein. Ich habe den ukrainischen Außenminister beauftragt, sie auf den Weg zu bringen. Wenn diese Konsultationen erneut nicht stattfinden oder nicht zu Sicherheitsgarantien für unser Land führen, dann hat die Ukraine das volle Recht, davon auszugehen, dass das Budapester Memorandum nicht erfüllt wird. Dann stehen die gesamten Vereinbarungen von 1994 infrage.

Ich schlage außerdem vor, in den kommenden Wochen ein Gipfeltreffen der ständigen Mitglieder des Sicherheitsrats der Vereinten Nationen einzuberufen, an dem auch die Ukraine, Deutschland und die Türkei teilnehmen. Ziel muss es sein, die Sicherheitsrisiken in Europa zu beseitigen und neue, wirksame Sicherheitsgarantien für die Ukraine zu schaffen. Garantien, die gelten, solange wir nicht Mitglied eines Verteidigungsbündnisses sind und uns faktisch in einer Grauzone befinden, in einem Sicherheitsvakuum.

Was können wir heute noch tun? Die Ukraine weiter aktiv unterstützen, ihre Fähigkeit zur Verteidigung stärken. Der Ukraine eine klare Perspektive auf einen Beitritt zur Europäischen Union geben, die für Beitrittskandidaten geschaffenen Unterstützungsinstrumente für sie öffnen, ihr einen klaren und überschaubaren Zeitrahmen für ihren Beitritt zur NATO nennen.

Die Transformation in unserem Land unterstützen. In der Ukraine einen Fonds für Nachhaltigkeit und Innovation schaffen, ein Land-Lease-Programm, moderne Waffensysteme liefern, Fahrzeuge, Ausrüstung für unsere Armee – eine Armee, die ganz Europa verteidigt.

Ein wirksames Paket präventiver Sanktionen zur Ab-

schreckung von Aggressionen entwickeln. Die Energie-
sicherheit der Ukraine gewährleisten und für ihre Integra-
tion in den EU-Energiemarkt sorgen, falls Nord Stream 2
als Waffe eingesetzt wird.

Auf all diese Fragen muss es eine Antwort geben.

Bislang gibt es jedoch nichts als Schweigen. Und solange dieses Schweigen herrscht, werden die Waffen im Osten unseres Staates nicht schweigen. In unserem Land, das
heißt: in Europa. In der Welt. Ich hoffe, dass die Welt, dass
Europa das endlich begreift.

Meine Damen und Herren!

Ich danke allen Staaten, die die Ukraine heute unterstützt haben.

Mit Worten, mit Erklärungen, mit konkreter Hilfe. De-
nen, die heute auf unserer Seite stehen. Auf der Seite der
Wahrheit und des Völkerrechts. Ich zähle diese Staaten
nicht einzeln auf. Ich möchte nicht, dass jene, die nicht
dabei sind, sich schämen müssen. Es ist ihre Sache, ihr
Karma. Sie müssen es mit ihrem Gewissen vereinbaren.
Ich weiß allerdings nicht, wie sie ihre Haltung den zwei
Soldaten erklären wollen, die am heutigen Tag in der
Ukraine getötet wurden, und den drei weiteren, die heute
verwundet wurden.

Vor allem weiß ich nicht, wie sie es den drei Mädchen
aus Kiew erklären wollen. Eines ist zehn Jahre alt, das
zweite sechs, und das dritte ist erst ein Jahr alt. Seit heute
Morgen sechs Uhr mitteleuropäischer Zeit haben sie keinen Vater mehr. Denn heute Morgen wurde der ukrainische Nachrichtenoffizier, Hauptmann Anton Sydorow,

durch Beschuss aus einem Artilleriegeschütz getötet, das nach dem Minsker Abkommen verboten ist. Ich weiß nicht, was er in den letzten Augenblicken seines Lebens dachte. Ganz gewiss wusste er nicht, welche Punkte auf der Tagesordnung stehen müssten, damit die entscheidenden Leute zu einem Treffen zur Beendigung dieses Krieges bereit sind.

Aber eines wusste er ganz genau: die Antwort auf die Frage, die ich zu Beginn meiner heutigen Rede gestellt habe. Er wusste genau, wer von uns lügt.

Ewiges Gedenken. An ihn und an alle, die heute und in all den Jahren des Krieges im Osten unseres Staates gefallen sind.

Ich danke Ihnen.

ANSPRACHE AN DAS RUSSLÄNDISCHE[1] VOLK AM VORABEND DER INVASION RUSSLANDS IN DIE UKRAINE

23. Februar 2022

Ich habe heute versucht, mit dem Präsidenten Russlands zu telefonieren. Die Antwort war: Stille. Stille aber sollte im Donbass herrschen. Daher möchte ich mich heute an alle Bürger Russlands wenden. Nicht als Präsident. Ich wende mich an die Bürger Russlands als Bürger der Ukraine. Uns trennt eine mehr als 2000 Kilometer lange Grenze. Entlang dieser gesamten Grenze stehen heute Ihre Truppen – fast 200 000 Soldaten, Tausende Kampffahrzeuge. Die Führung Ihres Landes hat verfügt, dass sie vorrücken, auf das Staatsgebiet eines anderen Landes. Dies kann der Beginn eines großen Krieges auf dem europäischen Kontinent sein.

Die gesamte Welt spricht heute von dieser Gefahr. Jeden Augenblick kann es einen Anlass geben. Die kleinste Provokation, der kleinste Funke – und alles kann in Flammen stehen.

Ihnen wird erzählt, dass dieses Feuer die Befreiung des ukrainischen Volks bringt. Doch das ukrainische Volk ist längst frei. Es erinnert sich an seine Vergangenheit und baut mit eigenen Händen seine Zukunft. Es baut auf, statt zu zerstören, wie man Ihnen Tag für Tag im Fernsehen sagt. Die Ukraine, die Sie jeden Tag in Ihren Nachrichten sehen, und die reale Ukraine – das sind zwei vollkommen verschiedene Länder. Der wichtigste Unterschied besteht darin, dass unsere Ukraine real ist.

Ihnen sagt man, wir seien Nazis. Wie kann ein Volk den Nazismus unterstützen, das für den Kampf gegen den Nazismus acht Millionen Menschen geopfert hat? Wie könnte ich ein Nazi sein? Erzählen Sie das einmal meinem Großvater, der den gesamten Krieg in der sowjetischen Armee gekämpft hat und am Ende seines Lebens Oberst in der unabhängigen Ukraine war. Ihnen sagt man, wir hassen die russische Kultur. Wie kann man eine Kultur hassen? Egal welche Kultur? Nachbarn bereichern einander durch Kultur. Doch dadurch werden sie noch nicht zu einem einheitlichen Ganzen. Aber es trennt sie auch nicht in ein »wir« und »die anderen«. Aber das ist kein Grund, Feinde zu sein. Wir wollen unseren historischen Weg selbst bestimmen, unser Leben leben, in Frieden, in Ruhe, in Würde.

Ihnen wurde gesagt, dass ich den Befehl zum Angriff auf den Donbass geben werde, ihn zu beschießen und zu bombardieren, ohne jede Frage. Aber es gibt da Fragen. Sie sind ganz einfach. Auf wen soll geschossen werden? Was bombardiert werden? Donezk, eine Stadt, in der ich Dutzende Male war? Ich habe die Gesichter der Menschen gesehen, ihre Augen. Artjoma, wo ich mit Freunden unterwegs war? Das Donbass-Stadion, wo ich während der EM mit den dortigen Menschen für unsere ukrainischen Jungs gefiebert habe? Den Scherbakow-Park, wo wir zusammen getrunken haben, nachdem unsere Jungs verloren hatten? Luhansk? Das Haus, in dem die Mutter meines besten Freundes wohnt? Den Ort, wo der Vater meines besten Freundes beerdigt ist? Ist es Ihnen aufgefallen, ich spreche auf Russisch, und niemand in Russland versteht, was das für Städte, Straßen, Namen und Ereignisse sind. All das ist Ihnen fremd, unbekannt. Es ist unser Land. Unsere Geschichte. Wofür werden Sie kämpfen, und gegen wen?

Viele von Ihnen waren schon in der Ukraine. Viele von Ihnen haben Familie in der Ukraine. Manche haben an ukrainischen Hochschulen studiert, hatten ukrainische Freunde. Sie kennen unsere Art, Sie kennen die Menschen bei uns, Sie kennen unsere Prinzipien. Sie wissen, woran uns liegt. Hören Sie in sich hinein, hören Sie auf die Stimme der Vernunft, auf den gesunden Menschenverstand.

Hören Sie uns. Das Volk der Ukraine will Frieden. Die Staatsführung der Ukraine will Frieden. Sie will ihn und sie hält ihn. Sie tut alles dafür, alles, was sie kann. Wir sind nicht alleine. Es stimmt: Viele Länder unterstützen die Ukraine. Warum? Weil es nicht um Frieden um jeden Preis geht. Es geht um Frieden und um Prinzipien, um Gerechtigkeit. Um Völkerrecht und um das Recht auf Selbstbestimmung. Das Recht, seine Zukunft selbst zu gestalten. Das Recht jeder Gesellschaft auf Sicherheit. Das Recht jedes Menschen auf ein Leben ohne Drohungen. All das ist wichtig für uns. All das ist wichtig für die gesamte Welt. Ich weiß, dass es auch für Sie wichtig ist.

Wir wissen genau: Wir wollen keinen Krieg. Keinen kalten, keinen heißen und keinen hybriden. Doch wenn wir von einer Armee angegriffen werden, wenn man versucht, unser Land zu rauben, unsere Freiheit, unser Leben, das Leben unserer Kinder, dann werden wir uns verteidigen. Nicht angreifen, verteidigen. Wenn Sie angreifen, werden Sie unsere Gesichter sehen. Nicht unsere Rücken, unsere Gesichter.

Der Krieg ist ein furchtbares Übel. Und dieses Übel hat einen hohen Preis, in jeder Hinsicht. Menschen verlieren Geld, ihren Ruf, ihr tägliches Auskommen, ihre Freiheit. Aber das Wichtigste ist: Sie verlieren ihre Nächsten. Sie verlieren sich selbst. Im Krieg fehlt es immer an allem. Im Überfluss gibt es nur dies: Schmerz, Schmutz, Blut und Tod. Tausendfachen, zehntausendfachen Tod.

Ihnen sagt man, die Ukraine könne zur Bedrohung für Russland werden. Das war noch nie in der Geschichte der Fall, und es ist heute nicht so. Es wird auch in Zukunft nicht so sein. Sie fordern Sicherheitsgarantien von der NATO. Aber auch wir fordern eine Garantie für unsere Sicherheit. Die Sicherheit der Ukraine. Von Ihnen, von Russland und von den anderen Garantiestaaten des Budapester Memorandums.

Wir sind heute Mitglied keines einzigen Verteidigungsbündnisses. Die Sicherheit der Ukraine ist mit der Sicherheit unserer Nachbarn verknüpft. Daher geht es heute um die Sicherheit des gesamten Kontinents Europa. Aber unser wichtigstes Ziel ist der Frieden in der Ukraine und die Sicherheit unserer Bürger, der Ukrainer. Dafür sind wir bereit, mit allen zu sprechen, auch mit Ihnen, in verschiedenen Formaten, an jedem Ort. Ein Krieg macht alle Garantien zunichte, im Krieg hat niemand mehr eine Sicherheitsgarantie. Und wer darunter am meisten leidet, das sind die Menschen. Es sind die Menschen, die das am allerwenigsten wollen. Und es sind die Menschen, die es verhindern können. Gibt es unter Ihnen solche Menschen? Ich bin fest davon überzeugt.

Menschen, die öffentliche Ämter innehaben, Journalisten, Musiker, Schauspieler, Sportler, Wissenschaftler, Ärzte, Blogger, Stand-up-Comedians, TikToker und viele andere. Normale Menschen, ganz normale einfache Menschen, Männer, Frauen, Alte, Kinder, Väter und vor allem Mütter. Ebenso wie die Menschen in der Ukraine, wie die Staatsführung der Ukraine, ganz gleich, wie sehr man Ihnen das Gegenteil einredet.

Ich weiß, dass meine Ansprache im russischen Fernsehen nicht gezeigt werden wird. Aber die Bürger Russlands sollten sie sehen. Sie sollten die Wahrheit kennen. Die Wahrheit ist, dass es jetzt gilt, innezuhalten. Noch ist es nicht zu spät. Wenn die Führung Russlands nicht bereit ist, sich um des Friedens willen mit uns an einen Tisch zu setzen, vielleicht setzt sie sich mit Ihnen an einen Tisch. »Meinst du, die Russen wollen Krieg?«[2] Ich wünschte mir sehr, ich könnte diese Frage beantworten. Aber die Antwort hängt allein von Ihnen ab, von den Bürgern der Russischen Föderation.

[ukrainisch] Danke für Ihre Aufmerksamkeit.

ANSPRACHE AN DAS UKRAINISCHE VOLK AM ENDE DES ERSTEN TAGS VON RUSSLANDS ANGRIFF

24. Februar 2022

Ruhm den ukrainischen Streitkräften! Ein Hoch auf die Jungs und Mädels, unsere Verteidiger! Ihr seid großartig, ihr verteidigt unser Land gegen einen der mächtigsten Staaten der Welt.

Heute hat Russland unser gesamtes Staatsgebiet attackiert. Unsere Verteidiger haben heute Außerordentliches geleistet. Nahezu das gesamte ukrainische Territorium war direkten Angriffen ausgesetzt, doch sie haben es gehalten und versuchen, die Gebiete zurückzuerobern, die der Feind eingenommen hat, zum Beispiel Hostomel in der Nähe von Kiew. Das dient der Sicherheit der Hauptstadt.

Nach vorläufigen Angaben haben wir heute bereits 137 Helden verloren, 137 Bürger unseres Landes, unter ihnen zehn Offiziere. 316 Personen wurden verwundet. Unsere Jungs auf der Insel Smijnyj, unsere Grenzsoldaten, die die Insel heldenhaft bis zum Letzten verteidigt haben, sind alle umgekommen. Aber sie haben sich nicht ergeben. Ihnen allen wird postum der Titel »Held der Ukraine« verliehen. Ewiges Gedenken denen, die ihr Leben für die Ukraine gelassen haben.

[Gedenkminute]

Ich danke allen, allen, die in diesem Moment Menschen retten, die mithelfen, die Ordnung im Land aufrechtzuerhalten. Der Feind attackiert nicht nur militärische Objekte, wie er behauptet, sondern auch zivile. Er tötet Menschen und macht friedliche Städte zu militärischen Zielscheiben. Das ist niederträchtig, und es wird niemals verziehen.

Ich weiß, dass jetzt viele verschiedene Informationen, viele Fake News verbreitet werden, unter anderem auch die Information, ich hätte Kiew verlassen. Ich bleibe in der Hauptstadt, ich bleibe bei meinem Volk.

Ich habe heute im Laufe des Tages Dutzende Gespräche auf internationaler Ebene geführt, bin den konkreten Staatsgeschäften nachgegangen, und ich werde in der Hauptstadt bleiben, auch meine Familie ist in der Ukraine, auch meine Kinder sind in der Ukraine. Meine Familienmitglieder sind keine Verräter, sondern Bürger der Ukraine. Aber wo sie sich derzeit befinden, darf ich nicht mitteilen. Nach unseren Erkenntnissen hat der Feind mich zum Ziel Nummer eins und meine Familie zum Ziel Nummer zwei erklärt. Ihr Ziel ist die politische Vernichtung der Ukraine, der Weg dahin die Tötung des Staatsoberhaupts.

Uns liegen Informationen vor, wonach Sabotagetrupps des Feindes in Kiew eingedrungen sind. Deswegen appelliere ich an alle Kiewerinnen und Kiewer, seien Sie vorsichtig, halten Sie die Ausgangssperre ein. Ich bleibe im Regierungsviertel, zusammen mit allen anderen, zusammen mit allen, die für die Arbeit des Staatsapparates unentbehrlich sind.

Ich habe heute mit den verschiedensten führenden internationalen Politikern gesprochen, sie alle haben mir Folgendes versichert: Erstens: Wir werden unterstützt, ich bin wirklich jedem Staat dankbar, der der Ukraine konkret hilft, und zwar wirklich konkret und nicht nur mit Worten.

Aber es gibt noch einen zweiten Punkt: Bei der Verteidigung unseres Staates stehen wir allein. Wer ist bereit, an unserer Seite zu kämpfen? Ganz ehrlich: Ich sehe niemanden. Wer gibt der Ukraine eine Beitrittsgarantie für die NATO? Ganz ehrlich: Das traut sich niemand. Aus Moskau haben wir heute gehört, dass man doch zu Gesprächen bereit ist, dass man mit uns über die Neutralität der Ukraine sprechen will. Ich möchte allen Partnern unseres Landes sagen: Jetzt ist ein wichtiger Moment, das Schicksal unseres Landes steht auf der Kippe. Ich frage sie: Steht ihr an unserer Seite? Sie antworten, ja, wir stehen an eurer Seite, aber wir sind nicht bereit, euch in unsere Allianz aufzunehmen. Ich habe heute die 27 EU-Staatschefs gefragt, ob die Ukraine der NATO angehören wird, ganz direkt habe ich gefragt. Alle haben Angst, keiner gibt Antwort, nur wir haben keine Angst, vor nichts. Wir haben keine Angst, unseren Staat zu verteidigen, wir haben keine Angst vor Russland, und wir haben auch keine Angst davor, mit Russland zu reden, wir trauen uns, über alles zu reden, über Sicherheitsgarantien für unseren Staat, wir haben keine Angst, über die Neutralität unseres Staates zu reden, denn wir sind ja jetzt nicht in der NATO. Aber welche Garantien werden wir bekommen? Und vor allem von welchen Ländern, ganz konkret?

Natürlich müssen wir über die Beendigung dieses Überfalls, über die Beendigung dieses Krieges reden. Aber jetzt hängt das Schicksal unseres Landes voll und ganz von unserer Armee ab, von unseren Helden, von unseren Sicherheitskräften, von all unseren Verteidigern, von unserem Volk, von Ihrer Klugheit und von der umfassenden Unterstützung aller Freunde unseres Landes.

Es lebe die Ukraine![1]

ANSPRACHE VOR DEM
US-KONGRESS

16. März 2022

Sehr geehrte Frau Sprecherin des Repräsentantenhauses,
Mitglieder des Kongresses,
meine Damen und Herren,
sehr geehrte Amerikaner, liebe Freunde!

Ich bin stolz, aus der Ukraine zu Ihnen sprechen zu können, aus unserer Hauptstadt Kiew. Aus einer Stadt, die von Russlands Truppen mit Raketen und Fliegerbomben beschossen wird, Tag für Tag. Aber Kiew gibt nicht auf. Kiew hat keine Sekunde an Aufgeben gedacht! Ebenso wenig wie Dutzende andere Städte und Gemeinden in unserem Land, die sich im schlimmsten Krieg seit dem Zweiten Weltkrieg befinden.

Ich habe die Ehre, Sie im Namen des ukrainischen Volkes zu grüßen, eines tapferen und freiheitsliebenden Volkes. Seit acht Jahren leistet es Widerstand gegen die Aggression der Russischen Föderation. Es opfert die Besten unter seinen Kindern, seinen Söhnen und Töchtern, um die russische Invasion zu stoppen.

Heute entscheidet sich das Schicksal unseres Staates. Das Schicksal unseres Volkes. Es geht darum, ob die Ukrainer frei sein werden. Ob sie ihre Demokratie werden bewahren können.

Russland greift nicht einfach nur unser Land und unsere Städte an. Es hat eine brutale Offensive gegen unsere Werte gestartet. Gegen elementare menschliche Werte. Es setzt Panzer und Flugzeuge gegen unsere Freiheit ein. Gegen unser Recht, in unserem eigenen Land ein freies Leben zu führen und unsere Zukunft selbst zu bestimmen. Gegen unser Streben nach Glück. Gegen den Traum unserer Nation. Es ist der gleiche Traum, den auch Sie träumen, die ganz normalen Menschen in Amerika. Den jeder Mensch in den Vereinigten Staaten hat.

Ich habe das *Mount Rushmore National Memorial* vor Augen. Die Gesichter Ihrer herausragenden Präsidenten. Derer, die das Fundament gelegt haben für das Amerika von heute, das festhält an Demokratie, Unabhängigkeit, Freiheit und Schutz für das Individuum. Für jeden, der gewissenhaft arbeitet, der ein ehrliches Leben führt und das Gesetz respektiert.

Genau das wollen auch wir in der Ukraine. Wir wollen all das, was für Sie zum ganz normalen Leben gehört.

Meine Damen und Herren!
Bürger Amerikas!

In Ihrer großen Geschichte haben Sie Erfahrungen gemacht, die es Ihnen leicht machen, die Ukrainer zu verstehen – uns heute zu verstehen, da wir dieses Verständnis so sehr brauchen wie nie zuvor.

Denken Sie an Pearl Harbor. An diesen schrecklichen Morgen des 7. Dezember 1941, als der Himmel über Ihnen schwarz war von angreifenden Flugzeugen. Denken Sie daran.

Denken Sie an den 11. September. An diesen schrecklichen Tag im Jahr 200[1], als das Böse versucht hat, Ihre Städte in ein Schlachtfeld zu verwandeln. Als unschuldige Menschen angegriffen wurden. Aus der Luft angegriffen, auf eine Weise, die niemand erwartet hatte. Und die Sie nicht verhindern konnten.

Unser Land erlebt das jeden Tag! Jede Nacht! Und das schon seit drei Wochen! Viele ukrainische Städte – Odessa und Charkiw, Tschernihiw und Sumy, Shytomyr und Lwiw, Mariupol und Dnipro. Russland hat dafür gesorgt, dass der Himmel über der Ukraine den Tod bringt, für Tausende von Menschen.

Russlands Truppen haben bereits um die tausend Raketen auf die Ukraine abgefeuert. Sie haben unzählige Bomben abgeworfen. Sie setzen Drohnen ein, um effizienter zu töten. Einen Terror wie diesen hat Europa seit 80 Jahren nicht mehr erlebt!

Wir bitten um eine Reaktion. Um eine Reaktion der Welt, eine Reaktion auf diesen Terror. Ist das wirklich zu viel verlangt?

Eine Flugverbotszone über der Ukraine würde Menschenleben retten. Eine humanitäre Flugverbotszone, die Russland daran hindert, Tag und Nacht unsere friedlichen Städte zu terrorisieren. Aber wenn das zu viel ist, schlagen wir eine Alternative vor.

Sie wissen, welche Systeme wir für unsere Verteidigung brauchen: S-300[1] oder Vergleichbares. Sie wissen, wie viel davon abhängt, ob man Flugzeuge einsetzen kann. Ob man eine schlagkräftige, starke Luftwaffe hat, um sein Volk zu schützen. Seine Freiheit. Sein Land. Wir brauchen

Flugzeuge, die der Ukraine helfen. Die Europa helfen. Und Sie wissen, dass es solche Flugzeuge gibt. Aber sie stehen am Boden. Sie sind nicht am Himmel über der Ukraine. Sie schützen unser Volk nicht.

I have a dream – jeder von Ihnen kennt diese Worte. Ich spreche heute eher von einem Bedürfnis als von einem Traum. Dem Bedürfnis, unseren Himmel zu schützen. Dem Bedürfnis, dass Sie eine Entscheidung treffen, dass Sie uns helfen. Und trotzdem meine ich dasselbe, was Sie fühlen, wenn Sie hören: *I have a dream*.

Meine Damen und Herren!
Liebe Freunde!

Die Ukraine ist den Vereinigten Staaten dankbar für ihre umfassende Unterstützung, für alles, was Ihr Staat und Ihr Volk bereits für unsere Freiheit getan haben: für Waffen und Munition, Ausbildung und Finanzierung, für Ihre Führungsrolle in der freien Welt, die es ermöglicht, den Aggressor wirtschaftlich unter Druck zu setzen.

Ich bin Präsident Biden dankbar für sein persönliches Engagement, für seinen aufrichtigen Einsatz für die Verteidigung der Ukraine und der Demokratie in der ganzen Welt.

Ich bin Ihnen dankbar für die Resolution, die jeden, der Verbrechen gegen das ukrainische Volk begeht, zum Kriegsverbrecher erklärt.

Doch jetzt, in der dunkelsten Stunde unseres Landes und ganz Europas, appelliere ich an Sie, noch mehr zu tun! Jede Woche ein neues Sanktionspaket. Bis die russische Militärmaschinerie zum Stillstand kommt. Es müssen Maßnahmen gegen alle ergriffen werden, auf die dieses Unrechtsregime sich stützt.

Wir fordern die Vereinigten Staaten auf, Sanktionen gegen alle Politiker der Russischen Föderation zu verhängen, die weiter im Amt bleiben und ihre Verbindung zu den Verantwortlichen für die Aggression gegen die Ukraine nicht abbrechen. Von den Abgeordneten der Staatsduma[2] bis zum letzten Beamten, der nicht das Rückgrat hat, diesem Staate und seinem Terrorismus den Rücken zu kehren. Alle amerikanischen Unternehmen müssen sich aus Russland, aus dem russischen Markt zurückziehen – einem Markt, der in unserem Blut badet.

Meine Damen und Herren,
sehr geehrte Mitglieder des Kongresses!

Übernehmen Sie die Führung! Wenn es in Ihrem Wahlkreis Unternehmen gibt, die den russischen Militärapparat mitfinanzieren und weiter Geschäfte mit Russland machen, üben Sie Druck aus! Der russische Staat soll keinen einzigen Dollar mehr erhalten, den er für die Zerstörung der Ukraine ausgeben kann. Für die Zerstörung Europas.

Alle amerikanischen Häfen müssen für Waren und Schiffe aus Russland geschlossen werden. Frieden ist wichtiger als Geld. Diesen Grundsatz müssen wir gemeinsam in der ganzen Welt verteidigen.

Es gibt bereits eine Koalition gegen den Krieg. Eine große Koalition, die viele Staaten, Dutzende von Staaten, vereint: diejenigen, die auf Präsident Putins Entscheidung, auf Russlands Einmarsch in unseren Staat, entschieden reagiert haben.

Aber wir müssen noch weiter gehen. Wir müssen neue Instrumente schaffen, um schnell zu reagieren und den Krieg rasch zu beenden. Russlands groß angelegte Invasion in der Ukraine begann am 24. Februar. Und es wäre richtig gewesen, wenn sie innerhalb eines Tages zu Ende gewesen wäre. In 24 Stunden. Das Böse hätte auf der Stelle bestraft werden sollen. Dazu fehlen der Welt heute die Mittel.

Die Kriege der Vergangenheit haben unsere Vorgänger bewogen, Institutionen zu schaffen, die uns vor Krieg schützen sollen. Aber ... sie funktionieren nicht. Das sehen wir jetzt. Und Sie sehen es auch. Also brauchen wir neue – neue Institutionen, neue Allianzen.

Wir haben dafür Vorschläge. Wir schlagen vor, eine Union zu gründen – die U-24. *United for Peace*, vereint für den Frieden. Einen Zusammenschluss verantwortungsbewusster Staaten, die die Kraft und die innere Entschlossenheit haben, Konflikte zu beenden. Unverzüglich. Die innerhalb von 24 Stunden die notwendige Hilfe leisten können. Wenn nötig, mit Waffen. Wenn nötig, mit Sanktionen. Die humanitäre Unterstützung leisten können, politische Unterstützung, finanzielle Unterstützung – alles, was nötig ist, um schnell den Frieden wiederherzustellen. Um Leben zu retten.

Eine solche Union könnte auch denen Hilfe leisten, die von Naturkatastrophen oder schweren Industrieunfällen betroffen sind. Von einer humanitären Krise oder einer Epidemie.

Erinnern Sie sich daran, wie schwierig es für die Welt war, etwas ganz Einfaches zu tun – alle Menschen mit

Impfdosen zu versorgen. Mit Impfstoffen gegen Covid. Um Leben zu retten. Um neue Virusvarianten zu verhindern. Die Welt hat Monate und Jahre für etwas gebraucht, was viel schneller hätte geschehen können. Viele Menschenleben wären gerettet worden.

Meine Damen und Herren!
Bürger Amerikas!
Gäbe es heute schon ein solches Bündnis, eine U-24, dann hätten Tausende von Menschenleben gerettet werden können. Davon bin ich überzeugt. In unserem Land und in vielen anderen Ländern, die so dringend Frieden brauchen, die unmenschliche Zerstörung erlebt haben.

Ich bitte Sie, sich jetzt ein Video anzusehen. Das Video zeigt, was russische Truppen in unserem Land angerichtet haben. Wir müssen das stoppen. Wir müssen solche Dinge verhindern. Aggressoren, die andere Völker unterwerfen wollen, müssen präventiv unschädlich gemacht werden.

Schauen Sie hin …

Es folgt ein gut zweiminütiges Video, das Alltagsszenen aus Kiew, Charkiw, Odessa, Cherson, Mariupol, Sumy, Schitomyr und anderen ukrainischen Städten zeigt, dann Raketeneinschläge, einstürzende Häuser, dann gegeneinander geschnitten fröhliche Menschen vor dem Krieg und verzweifelte Menschen im Krieg. Zerstörte Städte, tote Kinder, verstümmelte Kinder, alte Menschen, die von Rettungskräften aus Trümmern geborgen werden, Leichen in Plastiksäcken, die in großen Gräben beerdigt werden. Es endet mit dem Schriftzug: »Close the sky over Ukraine«.

Um es zusammenzufassen: Es reicht heute nicht mehr aus, eine Nation zu führen. Heute gilt es, die Welt zu führen. Sich an die Spitze der Welt zu stellen und den Frieden herbeizuführen.

Der Frieden in Ihrem Land hängt nicht mehr nur von Ihnen und Ihrem Volk ab. Es kommt auch auf die an, die an Ihrer Seite stehen, die stark sind. Stark muss nicht groß heißen. Stark ist, wer Mut hat und bereit ist, für das Leben seiner Bürger und der Bürger der ganzen Welt zu kämpfen. Für die Menschenrechte, für die Freiheit, für das Recht, in Würde zu leben und in Würde zu sterben, dann, wenn die Zeit dazu gekommen ist, und nicht dann, wenn ein anderer, wenn der Nachbar es für richtig hält.

Das ukrainische Volk verteidigt heute nicht nur die Ukraine. Wir kämpfen für die Werte Europas und die Werte der Welt, wir opfern unsere Leben im Namen der Zukunft.

Deshalb hilft Amerika heute nicht nur der Ukraine. Es hilft Europa und der ganzen Welt, das Leben auf dem Planeten zu bewahren und für historische Gerechtigkeit zu sorgen.

Ich bin jetzt fast 45 Jahre alt. Mein Leben steht still, seit die Herzen von mehr als 100 Kindern nicht mehr schlagen. Ich sehe keinen Sinn im Leben, wenn es den Tod nicht aufhalten kann. Das ist meine wichtigste Aufgabe an der Spitze meines Volkes – der großartigen Ukrainer.

Und als derjenige, der an der Spitze dieser Nation steht, wende ich mich an Präsident Biden.

Sie führen diese Nation, Ihre große Nation.

Ich wünsche mir, dass Sie die Welt führen. Dass Sie an der Spitze der Welt stehen und den Frieden herbeiführen.

Ich danke Ihnen.

[ukrainisch] Es lebe die Ukraine!

ANSPRACHE VOR DEM DEUTSCHEN BUNDESTAG

17. März 2022

Sehr geehrte Frau Präsidentin Göring-Eckardt,
sehr geehrter Herr Scholz,
sehr geehrte Abgeordnete, Gäste, Journalisten!

Ich wende mich an Sie und das deutsche Volk am Ende der dritten Woche seit dem Überfall russischer Truppen auf die Ukraine, im achten Jahr seit Beginn des Krieges im Osten meines Landes, im Donbass.

Ich wende mich an Sie, während Russland unsere Städte bombardiert und alles in der Ukraine zerstört. Alles – Wohnhäuser, Krankenhäuser, Schulen, Kirchen. Mit Raketen, Bomben, Raketenwerfern.

In diesen drei Wochen wurden Tausende Ukrainer und Ukrainerinnen getötet. Die Besatzer haben 108 Kinder umgebracht. Bei uns, mitten in Europa, im Jahr 2022.

Ich wende mich an Sie in einem Moment, da zahlreiche Treffen, Verhandlungen, Erklärungen und Anfragen hinter uns liegen. Unterstützungsmaßnahmen wurden beschlossen, doch sie kamen vielfach zu spät. Sanktionen wurden erlassen, doch sie reichen eindeutig nicht aus, um diesen Krieg zu stoppen. Und wir haben gesehen, wie viele deutsche Unternehmen ihre Verbindungen mit Russland immer noch aufrechterhalten. Verbindungen mit einem Staat, der Sie und einige andere Länder nur benutzt, um seinen Krieg zu finanzieren.

Drei Wochen des Krieges um unser Leben, unsere Freiheit, haben uns in dem bestärkt, was wir schon vorher ahnten – und was Sie wahrscheinlich noch nicht alle bemerkt haben.

Es ist, als seien Sie wieder hinter einer Mauer verschwunden. Es ist nicht mehr die Berliner Mauer, mag sein. Aber sie verläuft mitten durch Europa. Und sie trennt Freiheit von Knechtschaft. Diese Mauer wird mit jeder Bombe, die auf unser Land, auf die Ukraine fällt, undurchdringlicher. Mit jeder Entscheidung, die den Frieden befördern würde, aber nicht getroffen wird. Jeder Entscheidung, die uns helfen könnte, die Sie aber nicht treffen.

Wann hat das alles angefangen?

Meine sehr verehrten Politiker,
verehrte Bürger Deutschlands,

wie konnte es so weit kommen? Als wir Ihnen sagten, dass die beiden Nord-Stream-Pipelines eine Waffe darstellen, dass sie der Vorbereitung eines großen Krieges dienen, bekamen wir zur Antwort, das sei eine rein wirtschaftliche Frage. Wirtschaft und nichts als Wirtschaft. Das war Zement für die neue Mauer.

Als wir Sie fragten, was die Ukraine tun müsste, um Mitglied der NATO zu werden, um in Sicherheit zu sein, um Sicherheitsgarantien zu erhalten, bekamen wir zur Antwort: Diese Frage liegt nicht auf dem Tisch, auch in näherer Zukunft nicht. Und auch einen Stuhl an diesem Tisch werde es für uns nicht geben. Genauso zögern Sie heute die Frage eines ukrainischen EU-Beitritts hinaus. Um ehrlich mit Ihnen zu sein, für manche Menschen ist all dies nur Politik. In Wirklichkeit aber sind es Steine, Steine für die neue Mauer.

Als wir präventive Sanktionen forderten, wandten wir uns an Europa, an viele Länder. Wir wandten uns auch an Sie. Wir baten um Sanktionen, die den Aggressor Ihre Macht spüren lassen würden. Was wir sahen, war Ihr Zögern. Wir stießen auf Widerstand. Und wir begriffen, dass Sie die Wirtschaft am Laufen halten wollen. Wirtschaft und noch einmal Wirtschaft.

Und jetzt sind die Handelsrouten zwischen Ihnen und dem Staat, der den Krieg auf brutale Weise zurück nach Europa gebracht hat, der Stacheldraht auf dieser neuen Mauer, die Europa teilt.

Sie sehen nicht, was hinter dieser Mauer liegt, aber sie verläuft zwischen uns, zwischen den Menschen Europas. Und deshalb fällt es vielen von Ihnen schwer, das nachzufühlen, was wir heute erleben.

Ich spreche zu Ihnen im Namen der Ukrainer und Ukrainerinnen, im Namen der Menschen der Stadt Mariupol, der Zivilbevölkerung in einer Stadt, die von russischen Truppen belagert und dem Erdboden gleichgemacht wird. In der einfach alles vernichtet wird. Alles und alle, die noch dort sind. Hunderttausende Menschen, die rund um die Uhr unter Beschuss stehen. Ohne Nahrungsmittel, ohne Wasser, ohne Strom, ohne Kommunikationsmittel. Rund um die Uhr. Seit Wochen.

Die russischen Truppen unterscheiden nicht zwischen Zivilisten und Armee, zwischen zivilen und militärischen Objekten, sie nehmen einfach alles ins Visier.

Ein Theater, in dem sich Hunderte von Menschen versteckt hielten und das gestern in die Luft gesprengt wurde, eine Entbindungsklinik, ein Kinderkrankenhaus, Wohngebiete ohne militärische Einrichtungen – sie zerstören alles. Rund um die Uhr. Und sie lassen nicht eine einzige humanitäre Hilfsgüterlieferung in die belagerte Stadt. Seit fünf Tagen feuern die russischen Truppen pausenlos, sie verhindern jede Rettungsaktion für unsere Bevölkerung.

All das könnten auch Sie sehen. Wenn Sie nur einen Blick über diese Mauer werfen würden.

Wenn Sie sich daran erinnern würden, welche Bedeutung die Berliner Luftbrücke für Sie hatte, und daran, dass diese Brücke überhaupt erst gebaut werden konnte, weil der Himmel über Ihnen abgesichert war. Sie wurden nicht aus der Luft ermordet, wie es jetzt in unserem Land der Fall ist. Nicht einmal eine Luftbrücke können wir bauen! Für uns hält der Himmel nur russische Raketen und Bomben bereit.

Ich spreche zu Ihnen im Namen der älteren Ukrainerinnen und Ukrainer. Viele dieser Menschen haben den Zweiten Weltkrieg noch erlebt, sie haben vor achtzig Jahren die Besatzung überlebt. Sie erinnern sich noch an Babyn Jar.

Erst im vergangenen Jahr war Bundespräsident Steinmeier zu Besuch in Babyn Jar. Zum achtzigsten Jahrestag der Tragödie. Jetzt sind dort russische Raketen eingeschlagen. Genau an diesem Ort. Eine Familie wurde auf dem Weg nach Babyn Jar umgebracht, auf dem Weg zum Denkmal. Erneutes Morden, achtzig Jahre später.

Ich wende mich an Sie im Namen all derer, die das jährlich wiederholte »Nie wieder« Ihrer Politiker gehört haben. Und die jetzt sehen, dass diese Worte wertlos sind. Wieder einmal wird heute in Europa versucht, ein ganzes Volk zu vernichten. Alles zu zerstören, wovon wir leben. Und alles, wofür wir leben.

Ich wende mich an Sie im Namen unserer Soldaten. Im Namen all derer, die unseren Staat verteidigen, und mit ihm die Werte, von denen in Europa so oft gesprochen wird – überall in Europa, auch bei Ihnen.

Werte wie Freiheit und Gleichheit. Die Möglichkeit, frei zu leben. Nicht von einem anderen Staat unterjocht zu werden, der das Land der Nachbarn als seinen »Lebensraum« betrachtet. Warum steht Ihre politische Führung unseren Verteidigern nicht bei? Warum kommt Ihre Stärke uns nicht zugute? Warum scheint es, als seien die Länder auf der anderen Seite des Ozeans uns näher als Sie? Weil es eine neue Mauer in Europa gibt. Eine Mauer, die manche nicht sehen. Gegen die wir aber anrennen. Während wir gleichzeitig um das Überleben unseres Volkes kämpfen.

Meine Damen und Herren,
Bürger Deutschlands!

Ich bin allen dankbar, die uns unterstützen. Ich möchte auch Ihnen danken. Den ganz normalen Deutschen, die den Ukrainern hier im Land aus vollem Herzen helfen. Den Journalisten, die mit ihrer sorgfältigen Arbeit das

Übel aufzeigen, das Russland über uns gebracht hat. Ich bin auch jenen deutschen Unternehmern sehr dankbar, die Moral und Menschlichkeit über die Buchhaltung, über die Wirtschaft stellen. Über Wirtschaft und noch einmal Wirtschaft. Und den Politikern, die sich trotz allem bemühen ... Die sich bemühen, die neue Mauer niederzureißen. Die sich, wenn sie zwischen russischem Geld und dem Leben ukrainischer Kinder wählen müssen, für das Leben entscheiden, die sich für schärfere Sanktionen gegen Russland einsetzen. Sanktionen, die Frieden schaffen können. Frieden für die Ukraine. Frieden für Europa. Die keinen Zweifel daran haben, ob man Russland wirklich vom SWIFT-System abkoppeln sollte. Die wissen, dass ein Handelsembargo gegen Russland erlassen werden muss, gegen alle Importe aus Russland, gegen alles, was diesen Krieg finanziert. Und die nicht daran zweifeln, dass die Ukraine eines Tages ein Mitglied der Europäischen Union sein wird. Weil sie schon jetzt europäischer ist als manches andere Land.

Ich bin allen dankbar, die über sämtliche Mauern hinauswachsen. Und die wissen, dass mehr Stärke auch mehr Verantwortung bedeutet, wenn es um die Rettung von Menschenleben geht.

Ohne die Hilfe der Welt, ohne Ihre Hilfe, wird es schwer für uns, weiter standzuhalten. Es ist schwer, die Ukraine zu verteidigen, Europa zu verteidigen – wenn Sie nicht das Ihre beitragen. Handeln Sie, wenn nicht auch dieser Krieg eines Tages auf Ihrem Gewissen lasten soll. Die Zerstörung von Charkiw ... zum zweiten Mal, achtzig Jahre später. Die Bombardierung von Tschernihiw, von Sumy und dem Donbass. Zum zweiten Mal, achtzig Jahre später. Die Folterung und Tötung Tausender Menschen. Zum zweiten Mal, achtzig Jahre später. Wie soll historische Verantwortung denn aussehen für das, was dem ukrainischen Volk vor achtzig Jahren angetan wurde, wie soll diese Schuld beglichen werden?

Ich wende mich heute an Sie, damit Sie nicht hinter Ihrer neuen Mauer neue Schuld auf sich laden. Ich wende mich an Sie, um an das zu erinnern, was jetzt getan werden muss. Was notwendig ist, damit Europa überlebt und seine Werte bewahrt.

Der ehemalige Schauspieler Ronald Reagan, Präsident der Vereinigten Staaten, hat einst in Berlin gesagt: »Reißt die Mauer nieder!«

Dasselbe möchte auch ich Ihnen sagen.

Bundeskanzler Scholz!

Reißen Sie diese Mauer nieder! Nehmen Sie die Führungsrolle ein, die Deutschland verdient. Auf eine Weise, die Ihre Nachkommen mit Stolz erfüllen wird.

Stellen Sie sich an unsere Seite.

An die Seite der Welt.

An die Seite jedes einzelnen Ukrainers.

Stoppen Sie diesen Krieg!

Helfen Sie uns, ihn zu stoppen!

Es lebe die Ukraine!

ANSPRACHE AN DAS SCHWEIZER VOLK[1]

vom 19. März 2022

Ich grüße alle Schweizer Freunde der Ukraine!
Ich grüße Ihr ganzes wunderbares Volk,
die Bürger der Schweiz!

Ich danke jedem und jeder Einzelnen von Ihnen für Ihre Unterstützung. Ich danke Ihnen, dass Sie die Freiheit verteidigen, gemeinsam mit allen, denen an ihr liegt. Das ist sehr wichtig, gerade jetzt, in dieser besonderen Zeit. Und es ist besonders wichtig, dass gerade Sie es tun. In diesen Tagen, in denen der Terror zur nationalen Idee eines der größten Staaten der Welt geworden ist. Zur Grundlage seiner Außenpolitik. In denen terroristische Verbrechen nicht von einem isolierten Einzeltäter oder von irgendeiner Gruppe oder Organisation verübt werden, sondern von einem Staat mit Atomwaffen. In der ein ständiges Mitglied des UN-Sicherheitsrates gezielt alles zerstört, wofür die Vereinten Nationen geschaffen wurden. In der dieser Staat einen grausamen, blutigen, sinnlosen Krieg gegen uns entfesselt hat.

Und doch haben wir gerade heute eine Chance: die Chance, nicht nur Russland, sondern jedem Aggressor auf der Welt, jedem terroristischen Staat zu zeigen, dass

Krieg nicht das angegriffene Opfer zerstört, sondern den Angreifer selbst. Vielleicht ist es die letzte Chance, die die Menschheit hat, um Krieg und Terror zu stoppen.

Ich sage das heute gerade Ihnen, der Schweiz – einem Land mit einer sehr langen Geschichte des Friedens. Noch länger reicht die Zeit zurück, seit der Ihr Land in vielen Bereichen großen, ja entscheidenden Einfluss in der Welt hat.

Schon bevor ich Präsident wurde, habe ich darüber nachgedacht, wie das Leben der Ukrainer aussehen sollte. Ich bin oft in Ihrem Land gewesen, ich habe eine ziemlich genaue Vorstellung davon, wie Ihr Leben aussieht. Einmal – ich war mit einer Gruppe von Freunden unterwegs, und wir standen vor dem Schloss Chillon –, da habe ich sie gefragt: Warum können wir nicht genauso leben? Mit so einem Lebensstandard, auf so einem hohen Niveau? Und mit demselben Maß an Freiheit. In solch einträchtigen Gemeinden. Mit so viel Vertrauen in die eigene Stärke.

Ich habe mir aufrichtig gewünscht, dass die Ukrainer so leben könnten wie die Schweizer. Dass sie gemeinsam über ihr eigenes Leben entscheiden könnten. Über ihr Land. Ohne Erwartungen an Politiker, ohne viel Gerede, einfach in einem Referendum abstimmen.

Ich habe mir gewünscht, dass auch wir sicher sein können, dass unser Staat alle Finanzkrisen der Welt besteht und an der Spitze bleibt. An der Spitze in Sachen Vertrauen und in Sachen Stabilität. Dass er ein Ort wird, von dem alle Menschen träumen. Die Erfolgreichen und die weniger Erfolgreichen, ganz egal, einfach ein Ort für alle Menschen.

Ich habe mir gewünscht, dass die Ukrainer so wie die Schweizer das Gefühl haben werden, in echten Gemeinden zu leben, die sich um das Gemeinwohl und das Wohl jedes Einzelnen kümmern.

Für Sie ist das vielleicht alles ganz normal. Für uns bedeutet es Reformen. Es ist ein Weg, den wir gehen wollen, und wir haben ihn bereits eingeschlagen. Wir haben die nötigen Gesetze verabschiedet, damit das alles funktioniert. Wir haben Möglichkeiten geschaffen, Chancen für unser Volk. Damit wir allmählich Ihren Lebensstandard erreichen.

Auf diesem Weg waren wir – bis zu jenem schwarzen Tag, dem 24. Februar. Dem Tag, an dem Russland seine groß angelegte Invasion in unser Land, in die Ukraine begann. Dieser Tag hat alles verändert. Für jeden und jede von uns hat sich alles verändert. Ich bin sicher, auch für die Europäer hat sich alles verändert, für alle Demokratien der Welt. Auch für Sie.

Ich bin Ihnen und Ihrem Staat dankbar, dass Sie uns in einer so schwierigen Zeit unterstützen. Dass Sie nicht weggeschaut haben. Dass Sie nicht gesagt haben, dass Sie das alles nichts angeht. Denn in der Tat kann man nicht wegschauen, wenn im 21. Jahrhundert im Herzen Europas Hunderte von Raketen und Bomben auf friedliche Städte fallen. Man kann nicht wegschauen, wenn die Armee des größten – wenn auch nur flächenmäßig größten – Staates der Welt ihr gesamtes tödliches Potenzial dafür einsetzt, uns zu vernichten, Krankenhäuser, Schulen, Kirchen, Universitäten, Entbindungskliniken, Wohngebiete zu zerstören. Man kann nicht gleichgültig bleiben, wenn Kinder getötet werden. Seit Beginn des Angriffs hat die russische Armee 112 ukrainische Kinder getötet.

Bei meinem Besuch damals habe ich mir gewünscht, dass die Ukrainer so leben wie die Schweizer – heute wünsche ich mir, dass Sie das Böse so bekämpfen wie die Ukrainer. Dass niemand nach den Banken fragen muss, Ihren Banken, auf denen das Geld derer liegt, die diesen Krieg begonnen haben. Es ist schmerzhaft und hart. Aber auch das gehört zum Kampf gegen das Böse. Das gesamte Vermögen dieser Leute, ihre Konten, müssen vollständig eingefroren werden.

Das ist ein großer Kampf, aber Sie können ihn bewältigen.

Ich möchte, dass Sie zu Ukrainern werden, dass Sie spüren, wie das ist, wenn ganze Städte zerstört werden, friedliche Städte. Zerstört auf Befehl von Leuten, die sich gerne in ganz anderen Gemeinden aufhalten – in Ihren europäischen Gemeinden, in den schönen Schweizer Gemeinden. Die sich an ihren Immobilien in der Schweiz erfreuen. Es wäre nur gerecht, ihnen dieses Privileg zu nehmen – ihnen das zu nehmen, was sie uns nehmen.

Ich möchte, dass Sie in Geschäftsfragen zu Ukrainern werden. Hinsichtlich all der Geschäfte, die in Russland weiterlaufen, trotz des Krieges. Trotz all der ermordeten Kinder, der getöteten Menschen. Trotz unserer zerstörten Städte. Der Stadt Mariupol zum Beispiel, dieses heldenhaften Mariupol, das seit Wochen von russischen Belagerern eingeschlossen ist. Stellen Sie sich das vor – eine Stadt ohne Lebensmittel, ohne Wasser, ohne Strom. Unter direktem Beschuss.

Good food. Good life. Das ist der Slogan von Nestlé, einem Schweizer Unternehmen, das sich weigert, Russland zu verlassen. Selbst jetzt noch, wo Russland auch anderen Ländern in Europa droht, nicht mehr nur uns. Jetzt, da Russland mit nuklearer Erpressung hantiert.

Ich wünsche mir, dass Sie alle, dass ihr Schweizer heute so werdet wie wir Ukrainer. Ich wünsche mir, dass wir unsere gemeinsame Chance nicht verpassen. Die Chance, den Frieden wiederherzustellen, die Chance, den Krieg in der Welt zu beenden. Denn wenn die Schweiz auf deiner Seite steht, dann wirst du auf jeden Fall gewinnen. Wenn die Ukraine auf deiner Seite steht, dann bist du auf jeden Fall stark.

Vergangenes Jahr haben der Präsident Ihres Landes und ich eine große Konferenz vereinbart. Eine Konferenz in Lugano. Über die Transformation unserer Volkswirtschaft, über Reformen in der Ukraine. Sie sollte im Juli stattfinden. Gleichzeitig mit dem nächsten Treffen der First Ladies and First Gentlemen.[2] Und ich bin überzeugt, ich bin sicher, dass diese Konferenz auch stattfinden wird. In diesem Jahr. In Ihrem Land.

Eine Konferenz über den Wiederaufbau und die Entwicklung der Ukraine. Damit Sie einmal mehr und immer wieder zeigen können, was in Ihren Herzen steckt, all das Beste in Ihren und unseren Herzen. In den Herzen all derer, die für die Freiheit und für das Leben kämpfen.

Ich danke Ihnen. Ich danke der Schweiz!
Es lebe die Ukraine!

ANSPRACHE IN DER KNESSET

20. März 2022

Sehr geehrter Herr Präsident,
sehr geehrte Mitglieder der Knesset.
Sehr geehrter Herr Premierminister Bennett,
vielen Dank für Ihre Unterstützung.

Sehr geehrte Mitglieder der Regierung des Staates Israel,
sehr geehrte Anwesende, Gäste, Bürger Israels!

Die ukrainische und die jüdische Gemeinschaft waren schon immer eng miteinander verflochten, und ich bin sicher, dass dies auch so bleiben wird. Sie werden immer Seite an Seite leben, vereint in Freude und Schmerz.

Ich möchte Sie deshalb an die Worte einer großen Frau aus Kiew erinnern. Sie kennen diese Frau sehr gut: Es ist Golda Meir. Ihre Worte sind berühmt, jeder kennt sie. Zumindest wohl jeder Jude. Und sehr viele Ukrainer. Und sicherlich ebenso viele Menschen in Russland: »Wir wollen am Leben bleiben. Unsere Nachbarn wollen uns tot sehen. Da bleibt nicht viel Raum für einen Kompromiss.«[1]

Ich muss Sie nicht davon überzeugen, wie verwoben unsere Geschichte ist – die Geschichte der Ukrainer und die der Juden. In früheren Zeiten ebenso wie heute, in dieser schrecklichen Zeit. Wir leben in verschiedenen

Staaten und unter völlig unterschiedlichen Bedingungen. Aber die Bedrohung, der wir ausgesetzt sind, ist dieselbe: Uns wie Ihnen droht die totale Zerstörung unseres Volkes, unseres Staates, unserer Kultur. Und sogar unserer Namen: Ukraine, Israel.

Ich möchte, dass Sie ein Gefühl dafür bekommen. Ich möchte, dass Sie über dieses Datum nachdenken: über den 24. Februar, den Beginn dieser Invasion. Russlands Invasion in die Ukraine. Der 24. Februar ist zweimal in die Geschichte eingegangen. Und beide Male als tragischer Tag. Tragisch für die Ukrainer, für die Juden, für Europa, für die Welt.

Am 24. Februar 1920 wurde die Nationalsozialistische Deutsche Arbeiterpartei gegründet. Eine Partei, die Millionen von Menschen das Leben geraubt, die ganze Länder zerstört hat und ganze Völker vernichten wollte.

102 Jahre später wurde am 24. Februar der verbrecherische Befehl gegeben, mit dem der groß angelegte Einmarsch Russlands in die Ukraine begann. Diese Invasion hat bereits Tausende Menschenleben gefordert. Millionen von Menschen haben ihr Zuhause verloren. Sie wurden gezwungen, zu fliehen, innerhalb des eigenen Landes oder in die Nachbarstaaten – nach Polen, Rumänien, Deutschland, in die Slowakei, die Tschechische Republik, die baltischen Staaten und Dutzende andere Länder.

Die Ukrainer sind jetzt über die ganze Welt verstreut. Sie suchen Sicherheit. Einen Ort, der Frieden bietet. So wie Sie einst suchten.

Russlands Invasion in der Ukraine ist nicht nur eine begrenzte Militäroperation, wie Moskau behauptet. Es handelt sich um einen großen und niederträchtigen Krieg, dessen Ziel die Vernichtung unseres Volkes ist. Unserer Kinder, unserer Familien, unseres Staates, unserer Städte, unserer Gemeinden, unserer Kultur. Die Vernichtung all dessen, was die Ukrainer zu Ukrainern macht. Russlands Truppen sind dabei, all das zu zerstören. Vorsätzlich. Vor den Augen der ganzen Welt.

Deshalb habe ich das Recht, diese Parallele zu ziehen. Unsere Geschichte und Ihre Geschichte zu vergleichen. Diesen Krieg, in dem es um unser Überleben geht, und den Zweiten Weltkrieg.

Hören Sie, was der Kreml sagt. Hören Sie einfach nur zu! Die Begriffe, die da verwendet werden, stammen teils aus der damaligen Zeit. Es ist niederschmetternd: Begriffe aus der Zeit, als die nationalsozialistische Partei Europa überfiel und alles vernichten wollte, alles und jeden – die Völker unterwerfen und nichts übrig lassen, weder von uns noch von Ihnen. Nicht einmal die Namen, nicht die kleinste Spur. Sie nannten es »die Endlösung der Juden-frage«, Sie erinnern sich. Ich bin sicher, dass Sie das nie vergessen werden.

Und jetzt hören Sie, wie man in Moskau heute spricht. Wie man dort jetzt wieder von »Endlösung« spricht. Nur geht es heute um uns, sozusagen um die Endlösung der »ukrainischen Frage«.

Das wurde öffentlich so gesagt. Es ist niederschmet-ternd. Noch einmal: Der Begriff fiel bei einer Sitzung in Moskau. Man kann das auf staatlichen Internetseiten nachlesen. Russlands Staatsmedien haben es zitiert. Mos-kau sagt: Nur durch diesen Krieg wird die »endgültige«,

die »Endlösung« möglich, die sie angeblich für ihre Sicherheit brauchen.[2] Genauso wurde vor 80 Jahren gesprochen.

Bürger Israels!
Ihr habt gesehen, wie russische Raketen Kiew und Babyn Jar[3] getroffen haben. Ihr wisst, was für ein Ort das ist.
Dort ruhen mehr als 100 000 Opfer des Holocaust in der
Erde. Dort sind uralte Kiewer Friedhöfe. Dort ist ein jüdi-
scher Friedhof. Genau dort haben Raketen aus Russland
eingeschlagen.

Bürger Israels!
Am ersten Tag dieses Krieges schlugen russische Granaten in der ukrainischen Stadt Uman ein. Einer Stadt, in
die jedes Jahr Zehntausende Menschen aus Israel kommen. Sie pilgern zum Grab des Rabbi Nachman. Was wird
nach diesem schrecklichen Krieg von diesem und all den
anderen vergleichbaren Orten in der Ukraine bleiben?
Ich bin sicher, dass jedes meiner Worte eure Herzen mit
Schmerz erfüllt. Weil ihr spürt, was ich meine. Aber könnt
ihr mir erklären, warum wir immer noch überall in der
Welt, in so vielen Ländern um Hilfe bitten? Auch an euch
richten wir diese Bitte … Selbst um so einfache Dinge wie
Visa müssen wir bitten …
Was ist das? Gleichgültigkeit? Kalkül? Oder der Versuch zu vermitteln, unparteiisch zu sein? Ich überlasse es
euch, diese Frage zu beantworten. Nur eines will ich an-
merken: Gleichgültigkeit tötet. Kalkül geht oft nicht auf.
Vermitteln lässt sich zwischen Staaten.

Aber nicht zwischen Gut und Böse.

Jeder in Israel weiß, dass eure Raketenabwehr die beste der Welt ist. Sie ist sehr stark. Jeder weiß, dass ihr hervorragende Waffen habt. Dass ihr ganze Arbeit leistet. Ihr versteht es, eure Interessen durchzusetzen, die Interessen eures Volkes. Ihr könnt uns helfen, unser Leben zu schützen, das Leben der Ukrainer, das Leben der ukrainischen Juden.

Man kann lange darüber diskutieren, warum wir keine Waffen von euch bekommen. Warum Israel keine scharfen Sanktionen gegen Russland verhängt hat. Warum es keinen Druck auf russische Unternehmen ausübt. Aber es liegt an euch, Brüder und Schwestern, die Antwort zu geben. Und ihr seid es auch, die dann mit dieser Antwort leben müssen, Bürger Israels.

Vor 80 Jahren haben die Ukrainer ihre Wahl getroffen. Sie haben versucht, Juden zu retten. Deshalb gibt es unter uns auch Gerechte unter den Völkern.

Bürger Israels! Heute steht ihr vor einer Wahl.

Ich danke euch!

Danke für alles.

ANSPRACHE VOR DER ITALIENISCHEN ABGEORDNETENKAMMER

22. März 2022

Sehr geehrte Frau Senatspräsidentin,
sehr geehrter Herr Präsident der Abgeordnetenkammer!
Sehr geehrter Herr Premierminister Draghi!
Sehr geehrte Damen und Herren,
Senatoren und Abgeordnete!
Liebe Bürger Italiens!

Heute Morgen habe ich mit Seiner Heiligkeit Papst Franziskus gesprochen, und er hat sehr wichtige Worte gesagt: »Ich verstehe, dass ihr Frieden wollt. Ich verstehe, dass ihr euch verteidigen müsst. Eure Soldaten und auch eure Zivilisten verteidigen mutig ihr Vaterland. Alle verteidigen das Vaterland.« Ich habe geantwortet: »Unser Volk ist ein Heer geworden.«

Unser Volk wurde ein Heer, als es sah, welches Unheil der Feind über uns bringt. Welche Verwüstung er hinterlässt. Wie viel Blut er vergießen will.

Als ich vor etwas mehr als einer Woche bei einer Kundgebung in Florenz und Dutzenden anderen europäischen Städten sprach, bat ich alle Italiener, alle Europäer, sich die Zahl 79 einzuprägen. Das war die Zahl der Kinder, die in der Ukraine bis zu diesem Tag getötet worden waren.

Heute sind es 117. Weitere 38 Kinder, in diesen wenigen Tagen. Das ist der Preis des Zögerns. Man zögert, den Druck auf Russland zu erhöhen, damit es diesen brutalen Krieg beendet. Der Preis: 117 getötete Kinder, Tausende getötete Erwachsene. Tausende Verwundete. Zehntausende zerstörte Familien. Hunderttausende zerstörte Leben. Millionen, ja, Millionen verlassene Häuser. Und am Anfang stand ein einziger Mann.

In den besetzten Gebieten werden ganze Familien ermordet. Begraben werden sie auf Freiflächen zwischen den Hochhäusern. In Parks. In Massengräbern. Das geschieht heute, in unserer Gegenwart. Im Jahr 2022. Und jeder weitere Kriegstag wird noch mehr Kindern in der Ukraine das Leben rauben. Es wird nicht bei der Zahl 117 bleiben. Russlands Invasion wird noch mehr Familien, noch mehr Leben zerstören. Der Krieg geht leider in vollem Umfang weiter. Die Raketen, die Flugzeuge und die Artillerie töten jeden Tag. Ukrainische Städte werden in Schutt und Asche gelegt. Einige sind fast vollständig zerstört.

Sie haben von Mariupol gehört, unserer Stadt am Asowschen Meer. Fast eine halbe Million Menschen lebte dort. Genau wie in Ihrer Stadt Genua. Ich war in Genua. Von Mariupol ist nichts mehr übrig. Nur noch Ruinen.

Stellen Sie sich ein völlig niedergebranntes Genua vor. Nach drei Wochen totaler Blockade. Permanent Bomben und Beschuss. Ein zerstörtes Genua, aus dem die Menschen evakuiert werden, Ihre wunderbaren Menschen. Zu Fuß, mit Autos, mit Bussen … Nur um irgendwie in Sicherheit zu gelangen.

Ich spreche zu Ihnen aus Kiew, unserer Hauptstadt. Aus einer Stadt, die für unsere Region die gleiche Bedeutung hat wie Rom für die ganze Welt. In Kiew nahm die große Kultur einer großen Nation ihren Anfang. Und jetzt kämpfen wir ums Überleben. Kiew hat im Laufe seiner Geschichte brutale Kriege erlebt. Es hat nach all diesen Verlusten und Tragödien ein Leben in Frieden verdient. In ewigem Frieden. So wie auch Rom und jede andere Stadt der Welt es verdient. Doch leider gibt es in Kiew jetzt jeden Tag Luftalarm. Jeden Tag schlagen Bomben und Raketen ein.

Im Umland von Kiew, in den benachbarten Städten und Landkreisen, stehen mehrere russische Truppenverbände. Sie töten und foltern, sie vergewaltigen und sie entführen Kinder, sie zerstören und plündern. Die Besatzer bringen unser Hab und Gut mit Lastwagen nach Russland. In Europa hat es das zum letzten Mal unter den Nazis gegeben, als die Nazis in andere Länder einmarschierten.

Russlands Truppen haben an den Einfahrten zu unseren Häfen sogar das Meer vermint. Und jetzt bedrohen diese Minen die Küsten unserer Nachbarländer, denn sie können auf dem Meer dorthin getrieben werden.

Meine Damen und Herren!
Bürger Italiens!
Es ist an der Zeit, alles zu tun, um Frieden zu erlangen!
Russland hat diesen Krieg seit Langem vorbereitet. Ein Mann hat ihn seit Langem vorbereitet. Ein einziger Mann! Über Jahrzehnte. Russland hat unendlich viel Geld mit

Öl- und Gasexporten verdient und es in die Vorbereitung dieses Kriegs gesteckt. Eines Krieges, der sich nicht nur gegen die Ukraine richtet. Das Ziel ist Europa. Das Ziel ist, Ihr Leben zu beherrschen, Ihre Politik zu kontrollieren, Ihre Werte zu zerstören, nicht nur unsere. Demokratie, Menschenrechte, Gleichheit, Freiheit … unsere Werte sind dieselben.

Für Russlands Truppen ist die Ukraine das Tor zu Europa. Sie wollen nach Europa eindringen. Aber die Barbarei darf nicht siegen. Die Ukrainer waren unter den Ersten, die Ihnen zu Hilfe kamen, als Sie aufgrund der Covid-Pandemie in Not waren. Wir haben Ärzte geschickt. Die Italiener waren unter den Ersten, die uns zu Hilfe kamen, als unser Volk von einem schrecklichen Hochwasser betroffen war. Sie haben uns großzügig und schnell unterstützt. Ohne eine Gegenleistung zu verlangen. Auch jetzt helfen Sie uns, und wir wissen das sehr zu schätzen. Gleichwohl …

Die Invasion läuft seit 27 Tagen. Seit fast einem Monat. Es bedarf also weiterer Sanktionen. Mehr Druck ist nötig, damit Russland nicht in Libyen, Syrien oder anderswo nach Soldaten und Söldnern Ausschau hält. Damit es nach Frieden Ausschau hält. Damit dieser eine Mann nach Frieden Ausschau hält. Die Folgen dieses Krieges sind schon jetzt in vielen Teilen der Welt zu spüren, nicht nur in Europa. Und eine der schlimmsten Folgen wird der Hunger sein, der vielen Ländern droht.

Die Ukraine war stets einer der größten Nahrungsmittelexporteure der Welt. Aber wie können wir säen, wenn russische Artillerie uns beschießt? Wenn der Feind gezielt

Felder vermint und Treibstofflager zerstört? Wir wissen nicht, welche Ernte wir haben werden und ob wir überhaupt exportieren können, jetzt wo unsere Häfen blockiert oder besetzt sind. Mais, Pflanzenöl, Weizen und vieles andere mehr, all das sind lebenswichtige Güter – insbesondere für Ihre Nachbarn auf der anderen Seite des Meeres.

Die Preise steigen schon jetzt. Wie viele zig Millionen Menschen am anderen Ufer des Mittelmeeres werden Hilfe benötigen?

Meine Damen und Herren!
Bürger Italiens!

Sie kennen die Ukrainer gut. Unser Volk wollte nie Krieg. Es ist ein europäisches Volk wie das Ihre. Und Sie kennen auch die Leute, die den Krieg in die Ukraine gebracht haben. Sie kennen sie gut – diejenigen, die den Krieg befehlen. Die ihn propagieren. Fast alle diese Leute benutzen Italien als Urlaubsort.

Deshalb: Seien Sie kein Urlaubsort mehr für Mörder. Sperren Sie ihre Konten, konfiszieren Sie ihre Immobilien und Jachten – von der »Scheherazade«[1] bis zur kleinsten Jolle. Frieren Sie das Vermögen all derer ein, die in Russland Einfluss haben. Sie sollen ihren Einfluss für den Frieden nutzen. Damit sie eines Tages wieder zu Ihnen kommen dürfen. Setzen Sie sich für härtere Sanktionen gegen Russland ein. Für ein vollständiges Embargo, vor allem auf Öl. Setzen Sie sich dafür ein, dass russische Schiffe nicht mehr in Ihre Häfen einlaufen dürfen. Damit Russland die Rechnung für seine Aggression und für die Verminung des Meeres präsentiert bekommt.

Es darf keine Ausnahmen von dem Sanktionsregime mehr geben, alle russischen Banken müssen darunter fallen.[2] Lassen Sie nicht zu, dass es zu Nahrungsmittelknappheit in Weltgegenden ganz in Ihrer Nähe kommt. Helfen Sie uns. Stoppen Sie das Morden. Retten Sie ukrainische Familien. Dieser Krieg muss so schnell wie möglich beendet werden. Es muss Frieden Einzug halten. Die feindlichen Truppen müssen aus der Ukraine abgezogen werden. Minenräumung wird dann eine wichtige Aufgabe sein. Und Wiederaufbau. Der Wiederaufbau der Ukraine nach diesem Krieg. Gemeinsam mit Ihnen, gemeinsam mit Italien. Gemeinsam mit Europa. Gemeinsam in der Europäischen Union.

Vor dem Krieg war ich oft in Ihrem Land. Ich mag Ihre Gastfreundschaft, Ihre Offenheit, Ihre gelegentliche Lautstärke. Ich habe gesehen, wie viel Familie und Kinder für Sie bedeuten. Sie haben wunderbare Familien, wunderbare Kinder. Ich habe gesehen, wie viel Ihnen das Leben bedeutet. Ich möchte Ihnen dafür danken, dass Sie den Ukrainern helfen, die in Ihrem Land Schutz vor dem Krieg gefunden haben.

Mittlerweile leben in Italien mehr als 70 000 meiner Landsleute, die vor dem Krieg fliehen mussten. Mehr als 25 000 Kinder. Viele von ihnen wurden in italienischen Familien mit großer Wärme empfangen. Einige dieser Familien sind jetzt bei Ihnen im Saal. Inzwischen wurde schon das erste ukrainische Kind in Italien geboren, dessen Mutter in Ihrem Land Zuflucht gefunden hat. Dutzende ukrainischer Kinder mit schweren Traumata und Verletzungen werden bei Ihnen behandelt.

Dafür sind wir Ihnen dankbar, sehr dankbar! Und wir sehnen uns danach, dass sie nach Hause zurückkehren können. In eine Ukraine, in der wieder Frieden herrscht. Dabei können Sie uns definitiv helfen.

Vom ersten Tag dieses Krieges an haben Sie unseren Schmerz geteilt und uns aufrichtig, von ganzem Herzen geholfen. Daran werden sich die Ukrainer immer erinnern. An Ihre Wärme, an Ihre Anteilnahme – und an Ihre Stärke, die einen Mann stoppen muss. Nur einen einzigen Mann – damit Millionen am Leben bleiben.

Es lebe die Ukraine!

Grazie Italia!

ANSPRACHE AUF DEM
NATO-GIPFEL

24. März 2022

Sehr geehrte Anwesende!

Ich grüße Sie aus Kiew, unserer Hauptstadt, die schon seit einem Monat kämpft, so wie unser gesamtes Land kämpft.

Wir sind, das ist wahr, nicht Teil Ihrer Allianz – des mächtigsten Verteidigungsbündnisses der Welt. Wir gehören nicht zu den dreißig Staaten, die unter dem Schutzschirm der gemeinsamen Verteidigung stehen. Dem Schutzschirm von Artikel 5. Wir befinden uns offenbar in einer »Grauzone«. Zwischen dem Westen und Russland. Obwohl wir Ihre und unsere gemeinsamen Werte verteidigen. Wir sind aufgeweckte Leute. Wir verteidigen all diese Werte schon seit einem Monat!

Ein Monat des heldenhaften Widerstands. Ein Monat des dunkelsten Leids. Ein Monat der ungestraften Zerstörung eines friedlichen Staates – und zugleich der gesamten globalen Sicherheitsarchitektur. All dies geschieht vor den Augen der ganzen Welt.

Russland hat über mehrere Jahrzehnte beträchtliche militärische Ressourcen aufgebaut, in Gestalt von Truppen wie auch von Fahrzeugen, Fliegerbomben und Raketen.

Sie haben irrsinnige Summen in den Tod investiert, während der Rest der Welt in das Leben investierte. Aber die Ukraine hält sich tapfer! Um den Preis Tausender Menschenleben. Den Preis zerstörter Städte. Den Preis fast zehn Millionen Geflüchteter. Dreieinhalb Millionen sind bereits auf Ihrem Gebiet, auf dem Gebiet von NATO-Staaten. Ich bin dankbar für die Unterstützung, die Sie diesen Menschen leisten. Leider müssen immer mehr Menschen ihre Heimat verlassen. Sie fliehen vor dem Terror der Besatzer.

Schon in den ersten Stunden der Invasion haben wir brutale Raketenangriffe erlebt. Im Lauf von einem Monat Krieg hat Russland mehr als tausend Raketen verschiedenen Typs auf unsere Städte abgefeuert. Hunderte von Luftangriffen geflogen.

Ich habe mich schon am 24. Februar mit der vollkommen klaren, folgerichtigen Bitte an Sie gewandt, uns bei der Schließung unseres Luftraums zu helfen. Auf welche Weise auch immer. Schützen Sie unser Volk vor den russischen Bomben und Raketen. Eine eindeutige Antwort haben wir nicht erhalten. Die Ukraine besitzt keine starke Raketenabwehr, und sie hat viel weniger Kampfflugzeuge als Russland. Russlands Übermacht in der Luft kommt deshalb dem Einsatz von Massenvernichtungswaffen gleich. Die Folgen sehen Sie jetzt – so viele Menschen wurden getötet, so viele friedliche Städte zerstört.

Schon seit einem Monat hält die ukrainische Armee unter diesen ungleichen Bedingungen den Widerstand aufrecht! Und seit einem Monat sage ich immer wieder dasselbe. Um unsere Menschen und Städte zu retten, braucht die Ukraine militärische Unterstützung – uneingeschränkte militärische Unterstützung. Denn auch Russland setzt sein Arsenal ohne jede Einschränkung gegen uns ein. Es zerstört alles Lebendige. Es feuert wahllos auf ukrainische Ziele – Wohnhäuser und Kirchen, Lebensmittellager und Universitäten, Brücken und Krankenhäuser.

Die Ukraine hat um Flugzeuge gebeten. Damit weniger Menschen sterben. Sie haben Tausende von Kampfjets! Doch wir haben bislang keinen einzigen bekommen.

Wir haben um Panzer gebeten. Um unsere belagerten Städte, die am Rande des Untergangs stehen – Mariupol, Berdjansk, Melitopol und andere –, zu befreien. Städte, in denen Russland Hunderttausende von Menschen als Geiseln hält und künstlich eine Hungersnot herbeiführt – dort gibt es kein Wasser, keine Lebensmittel, nichts.

Sie haben mindestens 20 000 Panzer! Die Ukraine hat um ein Prozent davon gebeten, ein Prozent Ihrer Panzer, die Sie uns überlassen oder verkaufen könnten! Aber wir haben noch keine eindeutige Antwort …

Nichts ist schlimmer im Krieg, als keine klare Antwort auf die Bitte um Unterstützung zu bekommen.

Die Ukraine hat diesen Krieg nie gewollt. Sie will auch nicht jahrelang kämpfen. Wir wollen nur unser Volk retten. Wir wollen überleben! Einfach überleben! Und wir haben ein Recht darauf. Wie jede Nation haben wir ein Recht auf Leben. Ein Recht auf dieses eine Prozent.

Ich gebe der NATO keine Schuld, das möchte ich ganz klar sagen. Sie tragen keine Schuld. Es sind nicht Ihre Raketen, es sind nicht Ihre Bomben, die unsere Städte zerstören. Heute Morgen waren es übrigens Phosphorbomben. Russische Phosphorbomben. Wieder wurden Erwachsene getötet und wieder wurden Kinder getötet. Ich möchte lediglich, dass Sie wissen, dass die Allianz noch immer den Tod von Ukrainern durch russische Angriffe, durch die russische Besatzung verhindern kann, indem sie uns alle Waffen liefert, die wir brauchen.

Ja, wir sind nicht Teil der Allianz. Und ich erhebe darauf auch keinen Anspruch. Aber die Ukrainer hätten nie gedacht, dass es einen Unterschied zwischen der Allianz und ihren einzelnen Mitgliedstaaten gibt. Dass sie in Fragen von Leben und Tod einzeln stark sind, gemeinsam aber nicht. Dass die NATO Angst davor haben könnte, was Russland tun wird. Ich bin sicher, Ihnen ist klar, dass Russland nicht vorhat, sich mit der Ukraine zu begnügen. Russland will weiter gehen. Gegen die östlichen Mitgliedstaaten der NATO. Die baltischen Staaten, Polen – das steht fest. Wird die NATO dann aufhören, sich Gedanken und Sorgen darum zu machen, wie Russland reagieren wird? Wer kann sich da sicher sein? Sind Sie denn sicher, dass die Beistandsgarantie nach Artikel 5 halten wird?

Wir haben die Erfahrung machen müssen, dass »Budapest« nicht gehalten hat – unser Budapester Memorandum. Es hat den Frieden in der Ukraine nicht bewahrt.

Und ich will es Ihnen ganz ehrlich sagen: Auch heute hilft Budapest nicht, den Frieden in der Ukraine zu bewahren. Ja, wir erhalten Hilfe von einzelnen Mitgliedern der Allianz. Dafür bin ich sehr dankbar. Alle in der Ukraine sind aufrichtig dankbar dafür. Jedem von Ihnen, der uns mit dem unterstützt, was er hat.

Aber was ist mit dem Bündnis? Die Frage nach Artikel 5 ist von grundlegender Bedeutung. Ich will Ihnen einfach nur sagen, wie wir darüber denken. Und ich wünsche Ihnen von ganzem Herzen, dass wir mit unseren Einschätzungen und Zweifeln falschliegen. Ich wünsche Ihnen von ganzem Herzen, dass Ihr Bündnis tatsächlich sehr stark ist. Denn wenn wir uns irren, ist die Welt sicher. Wenn wir aber auch nur zu einem Prozent recht haben, dann bitte ich Sie, Ihre Haltung zu überdenken. Ihre Einschätzungen zu revidieren. Und sich wirklich um die Sicherheit zu kümmern, die Sicherheit in Europa und damit in der gesamten Welt.

Sie können uns ein Prozent Ihrer Flugzeuge überlassen. Ein Prozent Ihrer Panzer. Ein Prozent! Wir können sie nicht einfach kaufen, solche Lieferungen hängen unmittelbar von Entscheidungen der NATO ab, von politischen Entscheidungen.

Mehrfachraketenwerfer. Schiffsabwehrwaffen. Mittel zur Luftverteidigung. Wie soll man einen solchen Krieg ohne all das durchstehen? Wenn wir das alles irgendwann haben, wird es uns und Ihnen hundertprozentige Sicherheit bieten. Einstweilen aber reden wir von einem Prozent.

Alles, was ich von Ihnen verlange … nach einem solchen Monat Krieg habe ich eine Bitte, im Namen unserer Soldaten: Sagen Sie bitte nach diesem Krieg gegen Russland nie, nie wieder, dass unsere Armee nicht den NATO-Standards entspricht. Wir haben gezeigt, was unsere Standards leisten und was wir zur gemeinsamen Sicherheit in Europa und der Welt beitragen können. Wie viel wir tun können, um all das vor einem Angriff zu schützen, was uns und Ihnen wichtig ist.

Die NATO dagegen muss erst noch zeigen, was sie tun kann, um Menschen zu retten. Sie muss zeigen, dass sie wirklich die mächtigste Verteidigungsallianz der Welt ist. Und die Welt wartet. Die Ukraine wartet sehr. Sie wartet auf reale Schritte. Reale Sicherheitsgarantien. Von Leuten, deren Worten man vertrauen kann. Und deren Handeln den Frieden bewahren kann. Nachhaltig bewahren.

Alle Vorschläge liegen auf dem Tisch. Was wir brauchen, liegt auf dem Tisch. Wir brauchen sofort Frieden. Die Antworten liegen in Ihrer Hand.

Ich danke allen, die uns helfen! Ich danke Ihnen!

Es lebe die Ukraine!

ANSPRACHE BEI DER
SITZUNG DES EUROPÄISCHEN RATES

25. März 2022

Ich grüße Sie alle, ich grüße all unsere Freunde,
alle Freunde der Ukraine!
Ich grüße alle, die die Freiheit unterstützen!

Sehr geehrter Herr Präsident des Europäischen Rates,
mein lieber Freund Charles,[1] ich gratuliere Dir und uns
allen zu Deiner Wiederwahl. Das ist sehr wichtig und
richtig.

Ich bin dankbar für die Gelegenheit, vor Ihnen und den
Völkern Europas sprechen zu können.

Heute ist bereits ein Monat seit Beginn der russischen
Invasion vergangen. Nach acht Jahren der Aggression im
Donbass liegt jetzt ein Monat großer Krieg hinter uns.
Kurz zu seinem Verlauf. Denn das ist alles in meinem
Kopf, aber alles in Bruchstücken. Leider sind es tragische.

Begonnen hat das alles am 24. Februar. Von Russland
aus flogen die ersten Raketen. Früh am Morgen. Auf unsere friedlichen Städte. Die Menschen haben noch ge-
schlafen, aber der Tod war schon da.

Russland hat Panzer zu uns in die Ukraine geschickt.
Mehrere Tausend Panzer. Es ist schwer zu sagen, wie viele

davon schon in Flammen aufgegangen sind und wie viele uns noch töten können.

Bomben fielen auf unser Volk. Abgeworfen von Flugzeugen, die von Belarus aus gestartet waren. Belarus hat das bisher noch nicht einmal zugegeben.

Russland besetzte das Atomkraftwerk Tschernobyl. 24 Tage lang wurde das Personal dort festgehalten. Stellen Sie sich das vor, die Leute haben 24 Tage ununterbrochen in einer solchen Anlage gelebt und gearbeitet. Unsere Leute. Um zu verhindern, dass in Tschernobyl noch einmal etwas Schreckliches passiert, eine weitere Katastrophe. Die russischen Soldaten haben sie als Geiseln gehalten.

Russische Panzer haben das Atomkraftwerk Saporischschja beschossen.

Russische Raketen sind auf Babyn Jar niedergegangen.

Russland hat bis heute schon mehr als 230 Schulen und 155 Kindergärten zerstört. 128 Kinder getötet. Raketen auf Universitäten gefeuert. Russland setzt mit Raketenartillerie Wohnviertel in Brand. Ganze Städte und Dörfer: einfach in Schutt und Asche gelegt. Nichts steht mehr. Russlands Soldaten haben Journalisten getötet. Obwohl sie sichtbar den Schriftzug »Presse« trugen. Vielleicht hat man ihnen das Lesen nicht beigebracht. Nur das Töten.

Russland hat Mariupol von der Außenwelt abgeschnitten. Niemand hätte sich vorstellen können, dass es in unseren Tagen eine solche Belagerung geben kann. Hunderttausende Menschen ohne Wasser, ohne Nahrung. Unter ständigem Beschuss, ständigem Bombardement.

Russlands Soldaten jagen gezielt Krankenhäuser, Geburtskliniken und Schutzräume in die Luft. Sie sprengen sogar Schutzräume, stellen Sie sich das vor! Wohl wissend, dass dort Menschen Zuflucht gesucht haben.

In Charkiw haben sie den 96-jährigen Borys Romantschenko umgebracht. Eine russische Granate ist in seine Wohnung geflogen – die Wohnung eines Mannes, der die nationalsozialistischen Konzentrationslager überlebt hat und durch Russland zu Tode gekommen ist, durch den russischen Angriff auf unsere ukrainische Stadt Charkiw. Gott sei Dank haben unsere Soldaten den russischen Vormarsch dort aufgehalten.

Russische Truppen haben Phosphorbomben eingesetzt – gerade heute Morgen. Sie vergewaltigen Frauen, sie plündern Häuser. Sie zerstören Kirchen! Sämtliche Kirchen, auch die des Moskauer Patriarchats.[2] Sie haben mehr als 2000 Kinder aus der Ukraine entführt. Wir wissen nicht, wo sie sind, wo 2000 unserer Kinder sind. Russlands Truppen beschießen humanitäre Konvois. Es ist ihnen egal, wen sie dabei treffen: Kinder, Frauen, Kirchenvertreter, die die Hilfslieferungen begleiten. Sie töten Menschen in Donezk und beschuldigen uns, die angeblichen »Nationalisten«.

All das tut Russland. Schon seit einem Monat. In unserem Land.

Und die Ukraine? Was tut die Ukraine?

Sie ist nicht in ein anderes Land einmarschiert. Sie hat sich nie einen Krieg herbeigewünscht. Sie fängt Raketen ab. Fordert die Eindringlinge auf, ihre Waffen niederzulegen und nach Hause zu gehen. Sie handelt im Sinne des Lebens.

Verstehen Sie? Der Ukraine geht es um das Leben, nicht um den Tod. Sie behandelt und versorgt Kriegsgefangene. Sie erlaubt ihnen, ihre Verwandten per Telefon zu kontaktieren. Sie sammelt die Leichen russischer Soldaten von den Feldern, die von ihrer Armee einfach abgeschrieben und liegen gelassen werden. Hunderte und Aberhunderte.

Die Ukraine ist geeint im Namen des Friedens. Und sie eint die ganze Welt im Namen des Friedens.

Sie versucht, einen Zugang zu den eingeschlossenen Städten zu schaffen. Sie hält den sicheren Betrieb in den Atomkraftwerken aufrecht. Selbst unter Besatzung. Sie fordert die Internationale Atomenergiebehörde zum Eingreifen auf und erklärt den internationalen Behörden geduldig, was genau vor sich geht. Sie evakuiert Menschen aus den gefährlichen Zonen. Sie versucht immer wieder, humanitäre Hilfsgüter an Ort und Stelle zu bringen. Sie zeichnet Russlands Kriegsverbrechen auf. Sammelt Beweise. Sie lädt Journalisten ein. Hält die Arbeit aller Institutionen eines normalen Staates aufrecht. Sie verteidigt das eigene Land! Und jeden Morgen, verstehen Sie: Jeden Morgen gedenkt der gesamte Staat, die ganze Ukraine – Kinder, Großväter, Großmütter – mit einer Schweigeminute all derer, die für unser Land gestorben sind.

Haben Sie je von irgendetwas Vergleichbarem im russischen Fernsehen gehört? In den russischen Schulen?

In Russland genieren sie sich sogar für das Wort »Krieg«. Sie nennen es eine »Spezialoperation«. Und das, obwohl sie hier ein Blutbad anrichten, wie es seinerzeit die Nazis getan haben. Wir leben nicht in derselben Welt, sie und wir.

Wir haben nicht dieselben Werte. Nicht dieselbe Einstellung zum Leben. So etwas wie Würde existiert für Russlands Soldaten nicht. Sie haben keinen Begriff von Gewissen. Sie verstehen nicht, warum uns so viel an unserer Freiheit liegt. Von ebendiesen Dingen hängt es ab, wie ein Land leben wird. Und ob es zu Europa gehört.

Und was tut die Europäische Union?

Ich möchte mich bei Ihnen bedanken. Sie sind sich einig, Sie stehen solidarisch an unserer Seite. Aber ich möchte auch sagen, dass die Solidarität nicht überall dieselbe ist. Trotzdem, die Hauptsache ist, dass Sie jetzt geschlossen handeln. Wir wissen das wirklich zu schätzen. Sie haben Sanktionen verhängt. Dafür sind wir dankbar. Das sind starke Schritte. Aber sie kamen ein bisschen spät. Hätte man das präventiv gemacht, dann hätte Russland diesen Krieg nicht angefangen. Natürlich weiß das niemand mit Sicherheit, aber es gab zumindest die Chance.

Sie haben Nord Stream 2 gestoppt. Dafür sind wir Ihnen dankbar. Auch das ist ein richtiger Schritt. Aber auch er kam ein bisschen spät. Hätte man ihn rechtzeitig unternommen, dann hätte Russland keine Gaskrise herbeigeführt. Zumindest gab es die Chance.

Heute bereiten wir gemeinsam die Mitgliedschaft der Ukraine in der Europäischen Union vor. Endlich. Und hier kommt meine Bitte – handeln Sie nicht wieder zu spät. Bitte. Denn in diesen vier Wochen haben Sie die verschiedenen Welten vergleichen können. Sie haben gesehen, wer wofür steht, und Sie haben gesehen, dass die Ukraine in naher Zukunft Mitglied der EU werden sollte. Es liegt in Ihrer Hand. Für uns ist das eine Chance.

Litauen tritt für uns ein. Lettland tritt für uns ein. Estland ist für uns. Polen ist für uns. Frankreich – Emmanuel, ich glaube wirklich, dass Sie für uns eintreten werden. Slowenien wird für uns stimmen. Die Slowakei ebenso. Die Tschechische Republik stimmt für uns. Rumänien weiß, was Würde heißt, und wird deshalb im entscheidenden Moment auch für uns eintreten. Dasselbe gilt für Bulgarien. Dasselbe, daran glaube ich fest, für Griechenland.

Deutschland … dazu komme ich gleich.

Portugal – na ja, fast … Kroatien ist auf unserer Seite. Schweden – Gelb und Blau sollten immer zusammenstehen! Finnland – ich weiß, dass Sie für uns sind. Die Niederlande stehen auf der Seite der Vernunft, also werden wir eine gemeinsame Basis finden. Malta – ich glaube, das wird gelingen. Dänemark – auch das wird gelingen, glaube ich. Luxemburg – wir verstehen uns. Zypern – ich glaube fest, dass Sie auf unserer Seite sind. Italien – ich danke Ihnen für Ihre Unterstützung! Spanien – wir werden eine gemeinsame Basis finden. Belgien – wir werden Argumente finden. Österreich – für Sie eröffnen sich neue Chancen an der Seite der Ukrainer. Da bin ich mir sicher. Irland – na ja, fast.

Ungarn … bei Ungarn möchte ich kurz stehen bleiben und ganz offen sein. Ein für alle Mal. Sie müssen selbst entscheiden, auf welcher Seite Sie stehen. Ungarn ist ein souveräner Staat. Ich kenne Budapest. Ich liebe Ihre

Hauptstadt. Ich bin oft dort gewesen – eine wunderschöne, ungemein herzliche Stadt. Und so sind auch die Menschen. Sie haben tragische Momente erlebt. Ich kenne das Denkmal am Donauufer, die Schuhe[3] … Es erinnert an einen Massenmord. Ich war mit meiner Familie dort.

Hör zu, Viktor, weißt Du, was in Mariupol geschieht? Bitte, wenn Du kannst, geh an diese Uferpromenade, an die Donau. Schau Dir diese Schuhe an. Du wirst sehen, dass Massenmord sich in dieser Welt wiederholen kann. Heute ist es Russland, das ihn verübt. Wir sehen die gleichen Schuhe. In Mariupol. Auch dort wohnen Menschen. Erwachsene und Kinder. Großväter und Großmütter. Es sind Tausende. Tausende, die schon nicht mehr am Leben sind.

Und Du fragst Dich noch, ob Du Sanktionen verhängen willst oder nicht? Ob Du Waffentransporte durchlassen sollst oder nicht? Ob Du mit Russland Handel treiben sollst oder nicht? Die Zeit des Zögerns ist vorbei. Es ist jetzt Zeit, eine Entscheidung zu treffen.

Wir glauben an euch. Wir brauchen eure Unterstützung. Wir glauben an dein Volk.

Wir glauben an die Europäische Union.

Und wir glauben, dass auch Deutschland im entscheidenden Moment auf unserer Seite stehen wird.

Vielen Dank!

Es lebe die Ukraine!

ANMERKUNGEN DER ÜBERSETZER* INNEN

Ansprache auf der 58. Münchner Sicherheitskonferenz

1 Wolodymyr Selenskyj bezieht sich auf eine Wendung, die auf einen Zeitungsartikel des französischen Politikers Marcel Déat mit dem Titel »*Mourir pour Dantzig?*« (»Sterben für Danzig?«) vom Mai 1939 zurückgeht. In dem in der Zeitung *L'Œuvre* erschienenen Text argumentierte Déat, ein einstiger Sozialist, der später mit der nationalsozialistischen Besatzung kollaborierte, Frankreich solle wegen des fernen Polen keine Konfrontation mit dem Deutschen Reich riskieren.

2 Die Krim-Plattform ist ein von der Ukraine initiierter internationaler Koordinationsmechanismus. Das Auftakttreffen, an dem Vertreter aus 67 Staaten und internationalen Organisationen teilnahmen, fand im August 2021 in Kiew statt.

3 Angela Merkel beendete ihre Rede auf der 55. Sicherheitskonferenz in München mit den Worten: »Ich finde, genau das ist die Antwort auf das Motto dieser Tagung ›The Great Puzzle: Who Will Pick Up the Pieces?‹: Nur wir alle zusammen.«

4 Die deutsche Bundes-Verteidigungsministerin Christine Lambrecht hatte am 26. Januar 2022 die Lieferung von 5000 militärischen Schutzhelmen an die Ukraine angekündigt.

5 Als »Himmlische Hundertschaft« werden in der Ukraine jene Menschen bezeichnet, die am 20. Februar 2014 im Zuge der Proteste gegen Präsident Wiktor Janukowytsch bei dem Versuch, von dem Protestlager auf dem Platz der Unabhängigkeit in Richtung Parlamentsgebäude zu gelangen, von Scharfschützen erschossen wurden. Am Abend dieses Tages verabschiedete das Parlament ein Gesetz, in dem es die Gewalt verurteilte. Dies war der Wendepunkt, der zum Erfolg der Majdan-Revolution führte. Gelegentlich werden auch alle Toten der Revolution der »Himmlischen Hundertschaft« zugerechnet. Der Feiertag wird seit 2015 begangen.

6 Die Ukraine kann sich seit Juni 2020 im Rahmen eines sogenannten »Enhanced Opportunities Program« in größerem Umfang als zuvor an Manövern und anderen Aktivitäten der NATO beteiligen.

7 Das »Normandie-Format« ist ein Treffen zwischen Vertretern der Regierungen Russlands, der Ukraine, Deutschlands und Frankreichs, bei dem seit einer ersten Zusammenkunft der Präsidenten der vier Staaten im Juni 2014 in der Normandie über eine Regulierung des Konflikts im Südosten der Ukraine diskutiert wurde. Der Konflikt in der Region Donbass entzündete sich im Frühjahr 2014 nach dem Machtwechsel in Kiew durch die Euromajdan-Revolution, als Separatisten mit Unterstützung aus Russland Verwaltungsgebäude besetzten und zwei »Volksrepubliken« ausriefen. Er eskalierte zum Krieg, als ukrainische Sicherheitskräfte die zentralstaatliche Hoheit wiederherstellen wollten und die Separatisten mit Unterstützung russischer Truppen die ukrainischen Einheiten zurückschlugen.

8 Das Minsker Abkommen wurde im Februar 2015 von Russland, der Ukraine und der Organisation für Sicherheit und Zusammenarbeit in Europa (Trilaterale Kontaktgruppe) in Minsk unterzeichnet. Es enthält »Maßnahmen zur Umsetzung der Minsker Vereinbarungen«, also des Waffenstillstandsabkommens, das im September 2014 die monatelangen Kämpfe im Südosten der Ukraine hatte beenden sollen. Die Vereinbarungen hatten jedoch nicht verhindern können, dass die Gefechte zwischen der ukrainischen Armee und Truppen der russischen Armee sowie den Einheiten der ebenfalls von Russland mit militärischer, finanzieller und logistischer Hilfe ausgestatteten örtlichen Separatisten im Donbass im Winter 2014/2015 erneut aufflammten.

9 Artikel 5 des NATO-Vertrags sieht die kollektive Beistandspflicht im Falle eines Angriffs auf einen der Bündnispartner vor. Im Budapester Memorandum von 1994 haben Russland, die USA und Großbritannien der Ukraine als Gegenleistung für den Verzicht auf die Nuklearwaffen, die in der Ukraine aus sowjetischer Zeit lagerten, zugesichert, die Unabhängigkeit und die Souveränität und die bestehenden Grenzen der Ukraine zu achten.

Ansprache an das russländische Volk am Vorabend der Invasion Russlands in die Ukraine

1 Selenskyj benutzt hier das Adjektiv »rossijskij« (russländisch), das sich auf alle Bürger des Vielvölkerstaates Russland bezieht, im Unterschied zu »russkij« (russisch), das die ethnische Zugehörigkeit bezeichnen würde.

2 Hier spielt Wolodymyr Selenskyj an auf den Titel eines Gedichts des

russischen Dichters Jewgeni Jewtuschenko aus dem Jahr 1961, das in einer Vertonung von Eduard Kolmanowski zu einem bekannten Lied gegen den Krieg wurde.

Ansprache an das ukrainische Volk am Ende des ersten Tags von Russlands Angriff

1   Die von Wolodymyr Selenskyj am Ende seiner Ansprachen verwendete Formel »Slava Ukrajini« bedeutet wörtlich »Ruhm der Ukraine« oder »Ehre der Ukraine«. Sie wird heute allerdings in sehr vielen Zusammenhängen verwendet und hat einen weitaus weniger heroischen Klang, als dies die buchstabengetreue Übersetzung suggeriert.

Ansprache vor dem US-Kongress

1   S-300 ist ein Flugabwehrraketensystem sowjetischer Produktion zur Abwehr von Kampfflugzeugen und Marschflugkörpern.

2   Die Staatsduma oder Duma ist das Unterhaus der Föderationsversammlung Russlands. Sie ist neben dem Föderationsrat das höchste gesetzgebende Organ Russlands.

Ansprache an das Schweizer Volk

1   Die Rede wurde per Videoschalte auf den Berner Bundesplatz übertragen.

2   Der »Gipfel der First Ladies and Gentlemen« ist ein humanitäres Forum, das auf Initiative der ukrainischen Präsidentengattin, Olena Selenska, erstmals am 23. August 2021 in Kiew stattfand.

Ansprache in der Knesset

1   Golda Meir (1898–1978) wurde als Golda Mabowitsch in Kiew geboren, lebte ab 1906 in den USA und ab 1921 in Palästina. Von 1969–1974 war sie israelische Ministerpräsidentin. Den viel zitierten Satz sagte sie 1967 in Zusammenhang mit dem Sechstagekrieg.

2   Putin sagte am 16. 3. 2022 in einer öffentlichen Videokonferenz: »Wür-

den unsere Truppen nur auf dem Gebiet der Volksrepubliken agieren und diesen helfen, ihr Territorium zu befreien, dann brächte dies keine endgültige Lösung, es würde nicht zum Frieden führen und würde die Bedrohung nicht an der Wurzel beseitigen – die Bedrohung für unser Land, für Russland.« Die Wendung, die er benutzte – im Russischen »okontschatelnoe reschenie« –, wird sowohl als Übersetzung des deutschen »Endlösung« verwendet (»okontschatelnoe reschenie evrejskogo woprosa«, »Endlösung der Judenfrage«) als auch in einem gänzlich unbelasteten Sinn, etwa: »Die endgültige Entscheidung wird morgen getroffen.«

3 In Babyn Jar, einer am Stadtrand von Kiew gelegenen Schlucht, ermordeten am 29. und 30. September 1941 Sondereinheiten der SS kurz nach der Einnahme Kiews 34 000 jüdische Kinder, Frauen und Männer. Es war das größte Einzelmassaker des Holocaust. In den folgenden zwei Jahren wurden dort weitere Zehntausende Menschen umgebracht: Kranke, Behinderte, Roma, Russen, Juden, Ukrainer, Kriegsgefangene, Kommunisten.

Ansprache vor der italienischen Abgeordnetenkammer

1 Scheherazade ist der Name einer 140 Meter langen Megajacht, die Mitte März 2022 im Zuge der personenbezogenen Sanktionen der EU gegen hochrangige Funktionäre aus Russland von den italienischen Behörden im Hafen von Marina di Carrara (Toskana) durchsucht wurde. Der Eigentümer ist unbekannt. Das Team des inhaftierten Oppositionspolitikers Alexei Nawalny hat Hinweise vorgelegt, wonach Russlands Föderaler Wachdienst das Personal stellt, und daraus geschlossen, dass der Eigentümer Russlands Präsident Putin sei.

2 Mit dem am 2. März 2022 beschlossenen Sanktionspaket der EU wurde eine Reihe russischer Banken aus dem Finanznachrichtendienst SWIFT ausgeschlossen, der zentrale Bedeutung für internationale Geldströme hat. Neben zahlreichen kleineren Finanzinstituten wurden jedoch auch zwei sehr große Banken nicht ausgeschlossen, die Sberbank und die Gazprombank. Über diese wird der Rohstoffhandel abgewickelt.

1   Gemeint ist der frühere belgische Premierminister Charles Michel, seit 1. Dezember 2019 Präsident des Europäischen Rates. Seine Wiederwahl erfolgte am 24. März 2022.

2   Gemeint sind Kirchen der Ukrainischen Orthodoxen Kirche (Moskauer Patriarchat), einer autonomen Teilkirche der Russisch-Orthodoxen Kirche. Sie war bis zum Beginn des Kriegs, gemessen an der Anzahl der Gemeinden, der Priester und der Gläubigen, die mit Abstand größte Kirche in der Ukraine. Ihre Zukunft ist ungewiss, möglicherweise wird sie sich von der Moskauer Kirche trennen und der Orthodoxen Kirche der Ukraine anschließen, die seit 2018 eine anerkannte autokephale (eigenständige) Kirche ist.

3   Wolodymyr Selenskyj bezieht sich auf ein Mahnmal, das seit dem Jahr 2005 an die Massenerschießungen ungarischer Juden am Donauufer durch Schergen des ungarischen Pfeilkreuzler-Regimes in den Jahren 1944/45 erinnert. Sechzig Paar Schuhe, die auf einer Länge von 40 Metern am Donauufer im Stadtteil Pest verteilt sind, erinnern an die 2500 bis 3500 auf diese Weise ermordeten Menschen.

QUELLENNACHWEIS

Ansprache auf der 58. Münchner Sicherheitskonferenz / 19. Februar 2022: https://www.president.gov.ua/news/vistup-prezidenta-ukrayini-na-58-j-myunhenskij-konferenciyi-72997

Ansprache an das russländische Volk am Vorabend der Invasion Russlands in die Ukraine / 23. Februar 2022: https://www.youtube.com/watch?v=bwH-XVB4I6o

Ansprache an das ukrainische Volk am Ende des ersten Tags von Russlands Angriff / 24. Februar 2022: https://www.president.gov.ua/news/zvernennya-prezidenta-do-ukrayinciv-naprikinci-pershogo-dnya-73149

Ansprache vor dem US-Kongress / 16. März 2022: https://www.president.gov.ua/news/promova-prezidenta-ukrayini-volodimira-zelenskogo-pered-kong-73609

Ansprache vor dem Deutschen Bundestag / 17. März 2022: https://www.president.gov.ua/news/promova-prezidenta-ukrayini-volodimira-zelenskogo-u-bundesta-73621

Ansprache an das Schweizer Volk / 19. März 2022: https://www.president.gov.ua/news/zvernennya-prezidenta-ukrayini-volodimira-zelenskogo-do-naro-73677

Ansprache in der Knesset / 20. März 2022: https://www.president.gov.ua/news/promova-prezidenta-ukrayini-volodimira-zelenskogo-v-kneseti-73701

Ansprache vor der italienischen Abgeordnetenkammer / 22. März 2022: https://www.president.gov.ua/news/promova-prezidenta-ukrayini-volodimira-zelenskogo-v-palati-d-73733

Ansprache auf dem NATO-Gipfel / 24. März 2022: https://www.president.gov.ua/news/vistup-prezidenta-ukrayini-volodimira-zelenskogo-na-samiti-n-73785

Ansprache bei der Sitzung des Europäischen Rates / 25. März 2022: https://www.president.gov.ua/news/promova-prezidenta-ukrayini-volodimira-zelenskogo-na-zasidan-73809

Die Übersetzungen der Reden vom 23. Februar, 24. Februar und 17. März sind erstmals auf der Internetseite der Zeitschrift *OSTEUROPA*, zeitschrift-osteuropa.de, und in Band 1–2/2022 der Zeitschrift erschienen.